# المَدْخَل إلى العَرَبِيَّة العَصْرِيَّة

## مُحادَثات بالعَرَبِيَّة الفَصيحَة

## Introduction to Spoken Standard Arabic

# المَدْخَل إلى العَرَبِيَّة العَصْرِيَّة

## مُحادَثات بالعَرَبِيَّة الفَصيحَة

# Introduction to Spoken Standard Arabic

## A Conversational Course on DVD, Part 1

Shukri B. Abed, with Arwa Sawan
The Middle East Institute

Yale University Press New Haven and London

Publisher: Mary Jane Peluso
Project Editor: Tim Shea
Manuscript Editor: Debra Morris Smith
Production Editor: Ann-Marie Imbornoni
Production Controller: Karen Stickler

Cover designed by Nancy Ovedovitz.

Printed in the United States of America.

ISBN: 978-0-300-14480-2
Library of Congress Control Number: 2010925159

A catalogue record for this book is available from the British
Library.

This paper meets the requirements of ANSI/NISO Z39.48-1992
(Permanence of Paper).

10  9  8  7  6  5  4  3  2  1

*To my friend and colleague
Professor Mahdi Alosh whose
dedication to teaching Arabic, and to
teaching teachers of Arabic, has
inspired me in my own work.*

# Contents

# LESSON 2

**My Family**                    عائِلَتي

# LESSON 5

**My Hobbies**                                    هِوَايَاتِي

# LESSON 6

**My Daily Activities**                          بَرنامَجِي اليَوْميّ

## LESSON 7

## LESSON 8

# LESSON 9

**My University**  جامِعَتي

# LESSON 10

**My House**                                              بَيْتي

# Acknowledgments

As this textbook is based on interviews with speakers of Arabic (both Arabs and Americans), I would like to express my sincere thanks to all those who participated in the interviews, here in the U.S., in Jordan, in Jerusalem, or elsewhere. Without them this project would not have existed.

Special thanks go to Arwa Sawan, who helped me develop the interview questionnaires, coordinate the interviews in Washington, DC, and prepare the interview transcripts, as well as conduct the interviews.

Many thanks go to the videographer and editor, Stephen Davitt, an excellent cameraman, who is responsible for the stunning visual images.

I would like to extend special thanks to Trinity University of Washington for permitting us to film some of the interviews on the institution's beautiful campus.

Along with the publisher, I would like to thank the following scholars who reviewed the proposal or manuscript and DVD for this project:

Sawsan Abbadi, Swarthmore College
Ghazi Abuhakema, College of Charleston
Mahdi Alosh
Valerie Anishchenkova, Tufts University
Elizabeth Bergman, Georgetown University
Clarissa Burt, United States Naval Academy

Kevin Lacey, Binghamton University
Shady Nasser, Yale University
Naima Omar, University of Kansas
Sayed Omran, Villanova University
A. Soudi, University of Pittsburgh
MuntherYounes, Cornell University

Your comments were a tremendous help in improving the quality
of this work.

Above all, however, I would like to thank the copyeditor and
proofreader, Professor Carl Sharif El-Tobgui, Director of the
Arabic Language Program at Brandeis University, for his superb
editing job. His excellent command of both Arabic and English, as
well as his diligent attention to detail, have greatly improved the
manuscript.

Always a source of inspiration, my beloved wife Joanne worked
closely with me to achieve the highest degree of perfection for the
manuscript.

I would like to thank Yale University Press for giving me
technical, financial, and moral support throughout the process. In
particular, I would like to thank Tim Shea for his professionalism
and patience, both of which were much needed to carry out this
project.

Finally, I cannot end this long list without thanking the Middle
East Institute, my home institution, for the support I received from
various colleagues and for the elegant space they provided to
conduct many of the interviews.

# Introduction

*Al-Madkhal ilā l-ᶜarabiyya l-ᶜaṣriyya* (*Introduction to Spoken Standard Arabic*) is a prequel to *Aḍwā' ᶜalā l-ᶜarabiyya l-ᶜaṣriyya* (*Focus on Contemporary Arabic*), published by Yale University Press in 2007. Since the publication of *Aḍwā'*—a compilation of conversations with native speakers of Arabic for high intermediate and advanced students—we have received numerous requests to develop something similar for beginners. *Al-Madkhal* is the result. This volume introduces students of Arabic to basic conversational and structural aspects of the Arabic language, hence the title *Al-Madkhal* (*Introduction*).

This textbook is designed to help beginning students of Arabic develop their oral communication skills. The target audience is those in the second and third semesters of college-level study (or the high-school equivalent). Early chapters of the book may also be used toward the end of the first semester with intensive preparation. Number of hours of instruction received per week and students' general level of proficiency should be factored into an instructor's decision about when to introduce this text. Mastery of the content of this volume would put students at the *high-intermediate* level (or even the *low-advanced* level) on the proficiency scale developed by the American Council of Teachers of Foreign Languages (ACTFL).

Our approach emphasizes the oral-aural aspects of the language, while offering a review of reading, writing, and grammar.

Intended to supplement, rather than replace, existing first-year textbooks, *Al-Madkhal* assumes a basic knowledge of the Arabic alphabet, as well as familiarity with elementary-level vocabulary, grammar, and sentence structure. This volume could also be used as a main text for a beginning conversation course at those institutions that offer such a course.

Most lessons of *Al-Madkhal* are comprised of a series of short interviews—and occasional dialogues—with different speakers on a given topic. The speakers in *Al-Madkhal* (including both native and non-native speakers of Arabic) address practical, real-life topics using basic vocabulary and simple sentence structures. With the exception of a few verbs in the first lesson (Introducing Myself), the speakers' narratives are largely in the present tense and built from basic elementary vocabulary combined with topic-specific vocabulary relevant to a given subject matter. Advanced grammar points and vocabulary not likely to be familiar to beginning students are footnoted.

## What We Mean by "Spoken Standard Arabic"

Anyone purporting to publish a textbook on conversational Arabic inevitably becomes embroiled in all the professional controversy centered on this topic. Should we stick to teaching the formal literary language in the classroom and let our students learn to speak Arabic during prolonged stays abroad? Or should we be teaching our students the colloquial language of daily life, using one of the many Arabic dialects as a model? This is a common dilemma for all foreign-language teachers, but it is particularly acute in the case of Arabic.

Arabic is characterized by *diglossia*, or the presence of two related languages in a given society: an *acrolect* of high prestige used in formal texts and speech, and a *basilect*, or vernacular tongue, of lower prestige often primarily spoken. After decades of struggling to find a communication mode acceptable to all Arabs, an intermediate form, or *mesolect*, of Arabic has developed that has neither the complexities of the classical language of the *Qur'ān* (*fuṣḥā*) nor the particularities of the many Arabic dialects (*ᶜāmmiyya*). In part this has been achieved through the impact of Arabic satellite channels, which are affecting the Arabic language itself, thereby creating a new medium of communication among Arabs.

The focus for this volume is on the mesolect, this new "third way" of communicating. While this is a book designed to teach students how to communicate in Arabic, it is not about *ᶜāmmiyya*, the forms of colloquial Arabic used in various regions of the Arab world. Rather, the level of language used here is "*faṣīḥa*," or Spoken Standard Arabic (SSA). We find educated Arabs using *faṣīḥa* on the television or radio and in formal or semi-formal settings (such as interviews). This form of Arabic is also the *lingua franca* of the Arab world and is thus employed in conversations between Arabs with starkly different dialects (such as when a Moroccan speaks with a Syrian, or a Palestinian with an Algerian). As a courtesy, native speakers may also use *faṣīḥa* with non-native speakers to circumvent difficulties they might have in understanding *ᶜāmmiyya*. Students who master *faṣīḥa* can understand and make themselves understood by most native speakers of Arabic and anywhere in the Arab world. With a firm grounding in *faṣīḥa*, students can branch out to learn the local dialects of countries where they visit or reside.

This simplified form of the classical *fuṣḥā* is specifically used as a spoken language in situations such as those just described. While *faṣīḥa* is based on Modern Standard Arabic (MSA), there are a number of deviations from the conventional grammatical rules of MSA, as well as new patterns of speech that are peculiar to this emerging spoken language. These new patterns of speech have been adopted widely by most native speakers and are becoming, in a sense, the "rules" of this evolving language. For example *faṣīḥa* tends not to use case endings, nor does it use the negation particles *laysa, lam,* or *lan.* Grammar is de-emphasized with numbers, for example, or when the question particle *kam* is used. In *faṣīḥa* we don't say *kam kitāb^{an} ma^{c}aka?* Rather we say *kam kitāb ma^{c}ak?*, thus eliminating the accusative case of the noun following *kam* as well as the final ending of *ma^{c}ak.*

For the most part, the situations depicted on the DVD accompanying this text are semi-formal situations (such as interviews), where use of the *faṣīḥa* would be expected and considered appropriate, even for native speakers. Toward the end of this volume, we do expose students to some *^{c}āmmiyya*—including a dialogue at the end of Lesson 7 and another at the end of Lesson 8—to begin familiarizing them with more colloquial patterns of speech.

## Organization of the Instructional Package

This package contains a DVD and a companion textbook. The DVD captures conversations with speakers of Arabic on a variety of topics from family and daily life. Below we outline the structure first of the DVD and then of the accompanying textbook.

### Structure of the DVD

The DVD contains numerous recorded interviews with both native and non-native speakers of Arabic, as well as several dialogues. To preserve elements of natural speech, the interviews and dialogues were conducted with individuals who are not trained actors. Their speech was not "scripted"; speakers chose their own words and content. However, steps were taken during filming to ensure the recording would be comprehensible to elementary students of Arabic. Speakers were asked to use the *faṣīḥa* and to control the pace and complexity of their speech. Some segments were re-filmed to improve quality, but because this is unscripted speech and because much of the filming was done in the U.S., some errors—as well as some Anglicisms—did slip in. We have footnoted these where possible.

For variety, several of the lessons were filmed on site in the U.S. ('My University' and 'My House') and in Amman and Jerusalem ('My Errands').

The lessons of the DVD are structured around relatively short speech "segments" organized into topical "lessons." To reinforce the content, segments themselves are often illustrated by visuals (both pictures and written words or numbers).

## Structure of the Textbook

By and large, the lessons in the textbook conform to the same general structure, as presented in the table below.

| Title | Brief Description |
|---|---|
| Grammatical Features | Listing of main grammatical points that arise in the conversational context of the lesson. |
| Model Segment Transcript (with DVD Vocabulary and Model Drills) | Verbatim transcript of the model segment, followed by any vocabulary highlighted in the DVD and a set of exercises. |
| Additional Transcripts (with DVD Vocabulary and Comprehension Questions) | Verbatim transcripts of the remaining segments, followed by any vocabulary highlighted in the DVD and a comprehension exercise. |
| Lesson Exercises | Lesson exercises that test mastery of vocabulary and structures learned in the lesson, as well as encourage independent application. |
| Lesson Vocabulary | Lesson vocabulary that includes words and phrases appearing in the various segments, occasionally augmented by supplemental relevant vocabulary. |

Transcriptions of any interview questions or commentary by the narrator (Arwa Sawan) are interspersed among the segment transcripts in the order they appear on the DVD.

Exceptions to the general lesson structure include the following:

- Most, but not all, segments have segment-specific vocabulary lists corresponding to the digital "flashcard" sections of the DVD. For example, for the ʿāmmiyya passages in Lessons 7 and 8, we have instead provided a supplementary vocabulary list following the lesson vocabulary that indicates not only the English meaning but also the MSA equivalent.
- 'My Errands' (Lesson 8)—a series of extended dialogues between Ms. Sawan and various members of the service sector—has detailed segment-specific vocabulary lists but no comprehension questions. Each of the segments in this section covers a distinct topic so there is also no model segment in this lesson.
- 'My House' (Lesson 10)—a guided tour of house and grounds with vocabulary explained as it occurs, supported by visual cues—has no comprehension questions and no segment-specific vocabulary lists, but does have extensive lesson vocabulary and supplementary vocabulary.

## GRAMMATICAL FEATURES

Each lesson begins with a brief listing of key grammatical points that arise in the conversational context of that lesson. There is no corresponding section on the DVD.

## MODEL DVD SEGMENT

The first segment—both on the DVD and in the textbook—is usually considered a "model segment" in that it is relatively straightforward, yet covers much of the terminology likely to be introduced by subsequent speakers. Each model segment has the components listed below:

- *Transcript.* A verbatim transcript of the model segment, along with transcriptions of any interspersed questions or commentary by the narrator.

- *DVD Vocabulary.* Any vocabulary for the model segment highlighted on the DVD, reproduced in a text box immediately following the segment.

- *Drills.* A set of exercises aimed at testing students' ability to comprehend and reproduce information presented in the model segment. (No corresponding section on the DVD.)

## ADDITIONAL SEGMENTS

Additional segments follow the model segment covering different aspects of the same topic. Having multiple speakers discuss the same general topic ensures that a core set of words and phrases is common to most of the segments, without sacrificing diversity of expression. Speakers include individuals from various parts of the Arab world, as well as non-native speakers. To the extent possible, we have positioned the most rapidly paced and/or complicated segments toward the end of the lesson. As is the case for the model segment, each additional segment is accompanied by a verbatim transcript, a 'DVD Vocabulary' text box, and a quick drill (Comprehension Questions).

## LESSON EXERCISES

In addition to the model segment drills and the comprehension questions for the additional text segments, each lesson also includes a set of more general exercises that may be found after the last transcript and before the lesson vocabulary. These exercises test students' ability to speak and write coherently on the topic of the lesson as it applies to their own situations. Application of knowledge is critical for these exercises; students are asked to apply what they have learned by role playing or by reporting to others about themselves. For example, in the chapter 'My House,' students are asked to:

1. take us on a tour of their own house / apartment.
2. describe in detail one of the rooms in their house / apartment.
3. use the vocabulary, phrases, and sentences provided to create a dialogue with their classmates about what is most important to them when choosing a living situation.

The Lesson Exercises have no corresponding section on the DVD, although the narrator often ends a lesson by inviting students to apply their new-found knowledge to a question she poses.

## LESSON VOCABULARY

This final section of the lesson contains a list of words and phrases used in the chapter and the associated meaning in the context of the segments. There is no corresponding section on the DVD, although vocabulary highlighted on the DVD for each segment appears in a text box immediately following the segment transcript, mirroring the structure of the DVD. Some chapters also include supplementary vocabulary lists that help students venture beyond what they have learned from the DVD segments.

# Suggestions on How to Use the Instructional Package

It is by no means necessary to move consecutively through the lessons and the segments of *Al-Madkhal*. DVD technology permits instructors to select individual segments from within a lesson—or even segments from different lessons—for use in a classroom session. While the segments within a lesson do form a coherent whole when viewed from beginning to end, the modular nature of the segments and the fact that comprehension questions are included for each segment make it possible to view them in any order. For example, the instructor may wish to consider level of difficulty (i.e., complexity of topic, rapidity of speech, etc.) in determining an order of presentation.

For a dedicated conversation course, the concept of "units" may be a helpful organizing principle in developing the course syllabus. Although not explicit in the structure of the DVD, the lessons can be viewed in terms of "units" that begin with family and friends and gradually move outward into the community. The first four lessons, for example, deal with how to describe oneself, one's immediate and extended family, and then one's friends. In the second set of three lessons, speakers describe their hobbies and daily activities, as well as their weekend activities.

Below we briefly describe how the different components of the instructional package can be used in a classroom setting or for self-study.

## GRAMMATICAL FEATURES

The 'Grammatical Features' section leads off each lesson. This positioning ensures that both instructors and students are aware of grammar points they can expect to encounter while working on the lesson.

It is recommended that instructors review these points with their students during warm-up drills for each lesson. The examples we provide as illustrations are taken from the segment transcripts themselves, sometimes with some modification for stylistic and grammatical correctness. As part of the grammar review, instructors and students can propose additional examples for each of the bulleted points raised, either from the text itself or from other sources.

For a thorough study of the highlighted grammatical points, we recommend the following textbooks:

Peter Abboud et al. *Elementary Modern Standard Arabic* (vols. I & II). New York: Cambridge University Press, 1983.

Nariman Naili Al-Warraki and Ahmed Taher Hassanein. *Adawāt al-rabṭ fi l-ʿarabiyya l-muʿāṣira* [The Connectors in Modern Standard Arabic]. Cairo: The American University in Cairo Press, 1994.

Mohammad T. Alhawary. *Modern Standard Arabic Grammar: A Learner's Guide.* Boston: Wiley-Blackwell, forthcoming.

## TRANSCRIPTS

To the extent possible the transcriptions in this textbook represent not "correct" Arabic but rather the sounds actually spoken by a given speaker. There are various ways to use the transcripts. For some segments, the instructor may wish to focus on students' aural comprehension. In this case, transcripts should not be consulted until after the student has attempted to comprehend the segment using the DVD alone. For other, more difficult segments, the transcripts can be reviewed and any pertinent issues discussed in advance to enhance students' subsequent aural comprehension of the segment. Students may also use the transcripts by simultaneously listening to the DVD and following along in the text as a means to improve both listening and reading comprehension.

## DVD VOCABULARY

After each segment of the DVD, key vocabulary is reprised by replaying the relevant video clip accompanied by a visual of the phrase in Arabic for both aural and written reinforcement. If the pace of these digital "flashcards" is too rapid, students can pause the DVD on each phrase until they become accustomed to reading at the speed they appear on the DVD.

## MODEL SEGMENT

The Model Segment Drills are designed to help structure the lesson's introductory session. Spending class time with the model segment is warranted, as it contains vocabulary and phrases that appear in subsequent segments. If class time is limited, the instructor may wish to introduce the model segment in class, then allow students to work through the remaining segments of the lesson independently at home or in the language laboratory.

## EXERCISES

As mentioned above, three main types of exercises are presented in the textbook: a set of exercises designed to introduce the model segment (Model Drills), a comprehension exercise for each subsequent segment in the lesson (Comprehension Questions), and a set of exercises toward the end of the lesson testing mastery of the lesson content as a whole and encouraging application of what has been learned (Lesson Exercises).

The Lesson Exercises in particular are intended to broaden and deepen students' facility in comprehending and discussing matters relating to a given lesson topic. The Lesson Exercises include both 'Writing Activities' and 'Speaking Activities' sections designed to help students utilize the words, expressions, idioms, and ideas introduced in a given chapter. Supplementary vocabulary is often provided to help take students beyond the vocabulary used by the speakers on the DVD.

The grammatical features that appear at the beginning of each chapter may also be considered an integral part of the exercises, as they encourage review of major topics in Arabic grammar. Teachers are urged to ensure that students are familiar with these topics before tackling the text or the DVD on their own. This can be done by developing grammatical drills for each lesson based on items covered in the Grammatical Features.

Based on our own experience using these materials, we suggest that instructors prepare students for each new lesson by reviewing with them the main terms and expressions in advance, prior to viewing the DVD or reading the corresponding transcripts in the text. This can be done by practicing the use of these terms and expressions in various contexts so that students become familiar with them before they are exposed to the actual speech of the DVD speakers. We suggest at least one half hour of advance work for each lesson, using prepared contexts, short sentences, and even short dialogues with the new terms and expressions. Examples can be drawn from the text and then supplemented from other sources. Spending some time on preparation will build student confidence and reduce frustration.

## The Transcription

The points that follow pertain to the author's transcription of the spoken segments on the DVD:

1.  Punctuation of the text is entirely the author's and is based on his understanding of the speakers' intentions.

2.  Foreign words and names used by speakers are set off in quotation marks (" ").

3. Below is a list of the symbols used to transliterate Arabic sounds, some of which have no equivalent in English.

| | | | | | | |
|---|---|---|---|---|---|---|
| ا | ح | خ | ذ | ص | ض | ط |
| ā | ḥ | kh | dh | ṣ | ḍ | ṭ |
| ظ | ع | غ | ق | و | ي | ى |
| ẓ | ᶜ | gh | q | ū | ī | ā |

| | | |
|---|---|---|
| ´ (فَتْحة) | ˀ (ضَمَّة) | (كَسْرَة) |
| a | u | i |

An apostrophe ( ’ ) is used to indicate the *hamza* (a glottal stop) in the middle or at the end of a word.

# الدَّرْسُ الأَوَّل - التَّعْريف بِالنَّفْس

## Grammatical Features

- Commonly used past tense verbs:

| | |
|---|---|
| I was born (in) | وُلِدْتُ (في) |
| I studied | دَرَسْتُ |
| I moved (to) | اِنْتَقَلْتُ (إلى) |

| | |
|---|---|
| I traveled (to) | سافَرْتُ (إلى) |
| I grew up | نَشَأْتُ |
| I was raised | تَرَبَّيْتُ |
| I completed | أَنْهَيْتُ |
| I worked – I work | عَمِلْتُ – أَعْمَلُ |
| I graduated (from) | تَخَرَّجْتُ (مِنْ) |
| I immigrated | هاجَرْتُ |
| I specialized, majored (in) | تَخَصَّصْتُ (في / بِ) |

- Use of numbers to express date of birth, year of graduation, etc.
- Use of the question particles:

| | |
|---|---|
| where? | أَيْنَ؟ |
| when? | مَتى؟ |
| why? | لِماذا؟ |
| in what? in which? (*m. / f.*) | في أَيِّ.. / أَيَّةِ..؟ |

## Transcripts

أَرْوَى:

أَعِزّائي الطُّلاب والطّالِبات نُرَحِّب بِكُم في الدَّرْسِ الأَوَّلِ مِنْ كِتاب "المَدْخَل إلى العَرَبِيَّة العَصْرِيَّة." نُقَدِّمُ في هٰذا الدَّرْس "التَّعْريف بِالنَّفْس." نَسْتَمِع إلى المُتَحَدِّث الأَوَّل.

**MODEL – SEGMENT 1**

أروى:

مَرْحَباً بِك.

"بول":

أَهْلاً وسَهْلاً.

أروى:

عَرِّفْنا عَن نَفْسِك مِنْ فَضْلِكَ!

"بول":

أنا اسْمي "بول" بالإنْجِـــلِيزيَّة أوْ خالِد

بالعَرَبيَّة. أنا وُلِدْتُ في مَدينَـــة "مِرفِيزبورو" في

ولاَيَة "تِينيسي" في سَنَة أَلْف وَتِسْعِمِئة وَواحِدَة

وَثَمانين (١٩٨١). ودَرَسْتُ في نَفْـــس

الـــمَدينَة في الـمَراحِل الابْتِدائيَّة والإعْدادِيَّة

والثَّانَـــويَّة. بَعْدَ ذٰلِكَ انْتَقَلْتُ إلى مَدينَـــة

"فيلادِلْفِيا" حَيْثُ دَرَسْتُ في الـــجامِعَة. ثُـــمَّ

سافَـــرْتُ إلى مِصر لِدِراسَة اللُّغَة الـــعَرَبيَّة.

**LISTEN AND REPEAT (DVD VOCABULARY)**

- وُلِدْتُ في مَدينَـــة "مِرفِيزبورو"
- الـــمَراحِل الابْتِدائِيَّة وَالإعْدادِيَّة وَالثّانَـــوِيَّة
- اِنْتَقَلْتُ إلى مَدينَة "فِلادِلْفِيا"
- سافَـــرْتُ إلى مِصْر لِدِراسَة اللُّـــغَة الـــعَرَبِيَّة

أروى:

سافَرَ "بول" إلى مِصر لِدِراسَة اللُّـــغَة الـــعَرَبِيَّة.

## MODEL DRILLS

1.  Repeat and translate into English:

*[handwritten: Not idafa]*
*[handwritten: don't pronounce]*
*[handwritten: stage/level]*

المَرْحَلَة الاِبْتِدائِيَّة

المَرْحَلَة الإعْدادِيَّة

المَرْحَلَة الثّانَـــوِيَّة

المَرْحَلَة الجامِعِيَّة

2.  Based on the text, agree or disagree with each statement and
    provide the correct answer, if necessary.

”بول“ هُوَ أَمْريكيّ.

وُلِدَ ”بول“ في وِلايَة ”تِكْساس.“

اِنْتَقَلَ ”بول“ إلى مَدينَـــة ”فيلادِلْفِيا“ وَدَرَسَ في
المَدْرَسَة الاِبْتِدائِيَّة هُناكَ.

*[handwritten: If it is not an idafa, but definite, don't pronounce idafa 'III' across but to next word]*

3. Answer the following questions, first orally then in writing.

أَيْنَ وُلِدَ "بول"؟

في أَيَّةِ سَنَةٍ وُلِدَ "بول"؟

أَيْنَ دَرَسَ "بول" المَرْحَلَة الثّانَوِيَّة؟

في أَيَّةِ مَدينَةٍ دَرَسَ "بول" المَرْحَلَة الجامِعِيَّة؟

لِماذا سافَرَ "بول" إلى مِصْرَ؟

**SEGMENT 2**

أروى:

نَسْتَمِع الآن إلى

خالِد.

مَرْحَباً بِكَ في

"واشنطن."

خالِد:

أهْلاً وَمَرْحَباً.

أروى:

عَرِّفْنا عَن نَفْسِك مِنْ فَضْلِكَ!

خالِد:

اِسْمِي خالِد هُذَيْلي.

أَنا يَمَنِيّ لكِنَّني وُلِدْتُ في المَمْلَكَة العَرَبِيَّة السَّعُودِيَّة وَنَشَأْتُ في اليَمَن. دَرَسْتُ المَرْحَلة الابْتِدائِيَّة والمُتَوَسِّطَة والثّانَوِيَّة في اليَمَن.

**LISTEN AND REPEAT (DVD VOCABULARY)**

- ◈ أَنا يَمَنِيّ لكِنَّنــــي وُلِدْتُ في المَمْلَكَةِ الــعَرَبِيَّةِ السَّعُودِيَّة
- ◈ نَــــشَأْتُ في اليَمَن

أروى:

وُلِدَ خالِد في السَّعُودِيَّة وَنَشَأَ في اليَمَن.

**COMPREHENSION QUESTIONS**

أَيْنَ وُلِدَ خالِد؟

أَيْنَ نَشَأَ خالِد؟

هَلْ دَرَسَ خالِد المَرْحَلة الابْتِدائِيَّة في السَّعُودِيَّة أَمْ في اليَمَن؟

**SEGMENT 3**

أروى:

نَسْتَمِع الآن إلى

“نيكول.”

مَرْحَباً بِـــكِ.

“نيكول”:

أَهْلاً.

أروى:

تَحَدَّثي عَنْ نَفْسِكِ لَوْ سَمَحْتِ!

“نيكول”:

اِسْمي “نيكول.” وُلِدْتُ في وِلاية “ميزوري”

<و> نَـــشَأْتُ هُناكَ أَيْضاً. دَرَسْتُ ثَلاث

مَراحِل دِراسِيَّة في مَدينَة “أَيرُنتون” في وِلايَة

”ميزوري،“ مِن الـــمَرْحَلَة الابْتِدائِيَّة إلى المَرْحَلة الثّانَــوِيَّة. بَعْدَ ذٰلِكَ الْــتَــحَقْتُ بِجامِعَة ”واشُنْــطُن“ في مَدينَة ”سانْت لويس،“ وَ”سانْت لويس“ أَيْضاً في وِلايَة ”مِيزوري.“ بَعْدَ ذٰلِكَ انْتَــقَلْتُ إلى مَدينَة ”نيويورك“ وَعَمَلْــتُ[1] <هُناك>. والآن أَسْكُــنُ في مَدينَة ”واشُنْــطُن“ وأَعْمَلُ هُنا.

---

[1] Correct form: عَمِلْتُ.

## LISTEN AND REPEAT (DVD VOCABULARY)

◈ اِلْـتَـحَقْتُ بِجامِعَة «واشُنْطُـن»

◈ اِنْتَـقَلْتُ إلى مَدينَة «نيويورك»

◈ الآن أَسْكُـنُ في مَدينَة «واشُنْطُـن»

◈ أَعْمَلُ هُنا

أروى:

دَرَسَتْ «نيكول» في جامِعَةِ «واشُنْـطُن» في مَدينَةِ «سانْت لويس.»

**COMPREHENSION QUESTIONS**

أَيْنَ نَشَأَتْ "نيكول"؟

مَتى انْتَقَلَتْ "نيكول" إلى "نيويورك"؟

أَيْنَ تَعْمَلُ "نيكول" الآن؟

**SEGMENT 4**

أروى:

نَسْتَمِع الآن إلى

سَمير.

أَهْلاً وَسَهْلاً بِكَ.

سمير:

أَهْلاً.

أروى:

مُمْكِن أَنْ نَتَعَرَّف عَلَيْك؟

سمير:

أنا اسْمي سَمير مِن مِصْر. وُلِدْتُ في مَدينَـة
بَني سْويف في جَنوب مِصْر. نَـشَأْتُ
وَتَـرَبَّيْتُ في مَدينَـة بَني سْويف. أَنْهَيْتُ
الدِّراسَة الابْتِدائِيَّة وَالإعْدادِيَّة والثَّـانَـوِيَّة في
بَني سْويف ثُـمَّ انْتَـقَلْتُ إلى جامِعَة القاهِرة
في مَدينَة الجيزَة. دَرَسْتُ اللُّـغَة الإنْجِـليزِيَّة
وتَخَرَّجْتُ. وَبَعْدَ ذٰلِكَ هاجَرْتُ إلى
الـوِلايات المُتَّحِدَة الأمْريكِيَّة.

**LISTEN AND REPEAT (DVD VOCABULARY)**

- نَشَأْتُ وَتَرَبَّيْتُ في مَدينَة بَني سْويف
- دَرَسْتُ اللُّغَة الإنْجِليزِيَّة
- هاجَرْتُ إلى الوِلايات المُتَّحِدَة الأَمْرِيكِيَّة

أروى:

دَرَسَ سمير اللُّغَةَ الإنْكِليزِيَّة[2] في جامِعَة القاهِرَة.

[2] Note that some speakers use a *kaf* and some a *jim* for this word. Thus, here *inkiliziyya* (with a *k* sound) and previously *ingiliziyya* (with a *g* sound). The differences in orthography for this word throughout the book are intentional and reflect the fact that both variants exist.

## COMPREHENSION QUESTIONS

ماذا دَرَسَ سَمير في الجامِعة؟

إلى أَيْنَ هاجَرَ سَمير؟

أيْنَ نَشَأَ سَمير؟

## SEGMENT 5

أروى:

لِنَستَمِع الآن

إلى "لزلي."

مِنْ فَضْلِك،

عَرِّفينا عَنْ

نَفْسِك!

”لزلي“:

اِسْمِي ”لزلي“، أنا مِن أصْل ”كاريـبي“ لكنَّني
وُلِدْتُ في مَدينَـــة ”شيكاغو“ في سَنَة أَلْف
وتِسْعْمِئة وثَـــلاثَـــة وَثَـــمانين (١٩٨٣).

أروى:

وَأَيْنَ تَسْكُنينَ الآن؟

”لزلي“:

الآن أسْكُـــن في مِنْطَـــقَة ”دوبونت سيركل“
في مَدينَة ”واشْنْـــطـــن.“

أروى:

وَأَيْنَ دَرَسْتِ؟

"لزلي":

دَرسْتُ في مَدْرَسَة ابْتِدائِيَّة وإِعْدادِيَّة وَثانَوِيَّة في مَدينَة قَريبَة مِنْ "شيكاغو." وَفي سَنة ألفين وَواحِد (٢٠٠١) أنا انْتَقَلْتُ إلى وِلايَة "مِنيسوتا" لِلدِّراسَة في جامِعَة "كارْلْتُن" وتَخَصَّصْتُ بالعَلاقاتِ الدُّوَلِيَّة، وَتَخَرَّجْتُ مِنَ الجامِعَة في أَلْفَيْن وَخَمْسَة (٢٠٠٥).

**LISTEN AND REPEAT (DVD VOCABULARY)**

- أَنا مِن أَصْل "كاريبي"
- اِنْتَقَلْتُ إلى وِلايَة "مِنيسوتا" لِلدِّراسَة
- تَخَرَّجْتُ مِنَ الجامِعَة في أَلْفَيْن وَخَمْسَة

أروى:

تَخَرَّجَتْ "لزلي" مِنَ الجامِعَة في سَنَةِ أَلْفَيْن
وَخَمْسَة.

**COMPREHENSION QUESTIONS**

في أَيَّةِ سَنَة وُلِدَتْ "لزلي"؟

لِماذا انْتَقَلَتْ "لزلي" إلى وِلايَة "مِنيسوتا"؟

في أَيَّةِ سَنَة تَخَرَّجَتْ "لزلي" مِن الجامِعَة؟

ماذا كانَ تَخَصُّصُ "لزلي" في الجامِعَة؟

**SEGMENT 6**

أروى:

نَسْتَمِع الآن إلى

رَنا، وَهِيَ المُتَحَدِّثَة

الأَخيرَة.

مَرْحَباً بِكِ.

رَنا:

مَرْحَباً.

أروى:

حَدِّثينا عَنْ نَـــفْـــسِكِ مِنْ فَضْلِكِ!

رَنا:

إِسْمي رَنا عِماد عَبد العَزيز. أَنا وُلِدْتُ في

مَدينَة بَغْداد عاصِمَة الـــعِراق في عام أَلْف

وَتِسْعمِئَة وَواحِد وثَــمانين (١٩٨١)
ونَــشَأْتُ فيها. ولكِنْ في عام أَلْف وَتِسْعمِئة
وَتِسْعين (١٩٩٠)، بِــسَبَب الأَوْضاع
الاقْــتِصادِيَّة وَالسِّياسِيَّة في العِراق،
اضْطَــرَّتْ[3] عائِلَتي أَنْ تَــنْــتَــقِلَ إلى
الوِلايات المُتَّحِدَة. وَلِذلِكَ أنا دَرَسْتُ المَرْحَلَة
الابْتِدائِيَّة في العِراق ودَرَسْتُ المَرْحَلة الإعْدادِيَّة
وَالثّانَــوِيّة والــجامِعيَّة في أَمْريكا.

أروى:

وَأَيْنَ دَرَسْتِ في الوِلايات المُتَّحِدَة
الأَمْريكِيَّة؟

---

3 It should be اُضْطُــرَّتْ ("was forced," the passive voice of this verb).

رَنا:

دَرَسْتُ في جامِعة ''تَفْــتْس'' في وِلايَة
''ماسْتْشوسِتْس''، وتَــخَصَّصْتُ في العَلاقات
الدُّوَلِيَّة ودِراسات الشَّــرْق الأَوْسَط.

**LISTEN AND REPEAT (DVD VOCABULARY)**

◈ مَدينَة بَغْداد عاصِمَة الــعِراق

◈ بِــسَبَب الأَوْضاع الاقْــتِصادِيَّة
    *Economic*        *conditions*    *because of*

    وَالسِّياسِيَّة
    *political*

أروى:

اِنْتَقَلَتْ عائِلَة رَنا مِنَ العِراق إلى الوِلايات
المُتَّحِدَة.

### COMPREHENSION QUESTIONS

أَيْنَ وُلِدَتْ رَنا؟

أَيْنَ نَشَأَتْ رَنا؟

لِماذا انْتَقَلَتْ عائِلَة رَنا إلى أَمْريكا؟

في ماذا تَـــخَصَّصَتْ رَنا في دِراسَتِها في

الجامِعَة؟

## Lesson Exercises

### A. TRANSLATE INTO ARABIC

I was born in South Dakota but grew up in New Jersey. I attended elementary and high school in New Jersey. After that I enrolled in New York University and graduated in 1972. Then I traveled to Austria to study the German language. When I returned to the U.S. in 1974, I studied for my Ph.D. in German literature at Harvard University. I graduated from Harvard University in 1981.

## B. Speaking Activities

Using the various speakers as models, talk about yourself, your family, your schooling, whether your family moved from place to place in the U.S. or emigrated from another country to the U.S., etc. Follow the questions below to guide your self-description.

أَيْنَ وُلِدْتَ؟

في أَيَّةِ سَنَةٍ وُلِدْتَ؟

أَيْنَ نَشَأْتَ؟

في أَيَّةِ وِلايَةٍ جامِعَتُكَ (أو مَدْرَسَتُكَ الثّانَوِيَّة)؟

ما هُوَ تَخَصُّصُكَ؟

مَتى سَتَتَخَرَّج / ينَ مِنَ الجامِعَة (أَوْ مِنَ المَدْرَسة الثّانَوِيَّة)؟

هَلْ انْتَقَلَتْ عائِلَتُكَ إلى أَمْريكا مِنْ بَلَد آخَر؟

ما اسْمُ هٰذا البَلَد؟

هَلْ انْتَقَلَتْ عائِلَتُكَ مِنْ وِلايَة إلى وِلايَة في أَمْرِيكا؟ ما هِيَ تِلْكَ الوِلايات؟

# Lesson Vocabulary

| | |
|---|---|
| my name (is) | إِسْمي |
| I was born in | وُلِدْتُ في |
| I studied | دَرَسْتُ |
| I studied in | دَرَسْتُ في |
| elementary school | مَدْرَسَة اِبْتِدائِيَّة |
| secondary / high school | مَدْرَسَة ثانَوِيَّة |
| university | جامِعَة |
| I moved to | اِنْتَقَلْتُ إلى |
| I traveled to | سافَرْتُ إلى |
| I grew up | نَشَأْتُ |
| I enrolled, I enlisted (in) (e.g., the army) | اِلْتَحَقْتُ (بِ) |
| I was raised | تَرَبَّيْتُ |
| I completed | أَنْهَيْتُ |
| I worked – I work | عَمِلْتُ – أَعْمَلُ |
| I live, reside | أَسْكُنُ |

| | |
|---|---|
| I graduated (from) | تَخَرَّجْتُ (مِنْ) |
| I immigrated | هاجَرْتُ |
| I specialized, majored (in) | تَخَصَّصْتُ (في / بِ) |
| international relations | العَلاقات الدُّوَلِيَّة |
| Middle East studies | دِراسات الشَّـــرْق الأَوْسَط |
| was forced to (I was forced to) | اُضْطُرَّ (اُضْطُرِرْتُ) إلى |

# الدَّرْسُ الثّانِي - عائِلَتي

## Grammatical Features

- Comparatives and superlatives:

| | | |
|---|---|---|
| comparative<br>*(Segment 1)* | **أَكْبَر مِنّي** | هِيَ أَكْبَر مِنّي |
| comparative<br>*(Segment 8)* | **أَصْغَر مِنّي** | أُخْتِي دُنْيا أَصْغَر مِنّي |

| | | |
|---|---|---|
| superlative *(Segment 3)* | **أَصْغَر واحِدة** | أنا أَصْغَر واحِدة |
| superlative *(Segment 3)* | **الكُـــبْرى** | الأُخْت الكُـــبْرى |

- The negation particle لَيْسَ.
- The numbers revisited.
- Plurals.
- The question particle بِكَم؟:

| | |
|---|---|
| How many years older than Paul is his sister? | بِكَم سَنة أُخت "بول" أَكْبَر مِنْهُ؟ |
| How many years younger / older than your brother or sister are you? *(addressing a male)* | بِكَم سَنة أَنْتَ أَصْغَر / أَكْبَر مِنْ أَخيكَ أو أُخْتِكَ؟ |

# Transcripts

أروى:

أَعِزّائي الطُّلاب والطّالِبات أَهْلاً بِكُم في الدَّرْس الثّاني. نَتَحَدَّث في هٰذا الدَّرْس عَنِ العائِلَة. سَنَسْتَمِع الآن إلى المُتَحَدِّث الأَوَّل.

**Model – Segment 1**

أروى:

"بول،" تَحَدَّث عَن عائِلَتِكَ لَوْ سَمَحْت!

"بول":

لي أُخْت واحِدَة فَـقَطْ هِيَ أَكْبَر مِنّي بِـأَرْبَع سَنَـوات.

أروى:

وَأَيْنَ هِيَ الآن؟

"بول":

هِيَ الآن تَـعيش في مَدينة "إسْطَنبول" في تُرْكِيا. لي والِد وَوالِدَة وهُما يَسْكُنان في مَدينَة "ميرفزبورو" في وِلاية "تينِسي." أَبي يَعْمَل أُسْتاذاً في جامِعَة "ميدل تينسي" في نَـفْس الوِلايَة.

**LISTEN AND REPEAT (DVD VOCABULARY)**

- ◈ لي أُخْت واحِدَة
- ◈ هِيَ أَكْبَر مِنّي بِـــأَرْبَع سَنَوات
- ◈ هِيَ الآن تَــعيش في مَدينَة "إسْطَنْبول"
- ◈ أَبي يَعْمَل أُسْتاذاً

أروى:

عائِلَة "بول" عائِلَة صغيرَة مِثْل كَثير مِنَ العائِلات الأَمْريكِيَّة.

## MODEL DRILLS

1. Repeat and translate into English:

عائِلَة "بول" عائِلَة صغيرَة.

أُخْتي أَكْبَر مِنّي بِــأَرْبَع سَنَــوات.

أَبي يَعْمَلُ أُسْتاذاً.

أُخْتي تَسكُنُ في تُرْكِيا.

أُخْتي لا تَسْكُنُ في أَمْرِيكا.

2. Based on the text, agree or disagree with each statement and provide the correct answer, if necessary.

أُخْتُ "بول" تَسكُنُ في "إِسْطَنْبول."

أُمُّ "بول" أُستاذَة في الجامِعة.

لِــ"بول" ثَلاثَة إِخْوَة.

عائِلَة "بول" عائِلَة كَبيرَة.

3. Answer the following questions, first orally then in writing:

ماذا يَعْمَلُ والِدُ "بول"؟

كَمْ أُخْتاً لِـــ"بول"؟

أَيْنَ تَسْكُنُ أُخْتُ "بول"؟

بِكَمْ سَنَةً "بول" أَصْغَر مِنْ أُخْتِهِ؟

أَيْنَ يَعْمَلُ والِدُ "بول"؟

هَل عِنْدَكَ إِخْوَة أَوْ أَخَوات؟

## SEGMENT 2

أروى:

وَالآن سَنَسْتَمِعُ إلى المُتَحَدِّث الثّاني.

خالِد:

أَنا مُتَــزَوِّج، تَــزَوَّجْتُ قَــبْلَ أَرْبَعِ سَنَوات وِلِيَ طِفْلٌ اِسْمُهُ عِماد، وعُمْرُهُ سِتَّة أَسابيع.

أَبي وأُمّي يَسْكُـــنانِ في اليَمَن. لِيَ ثــَلاثُ أخَواتٍ وَأَخّان،[1] مِنْهم أَخ وَأُخْت يَسْكُنانِ في الـــقاهِرة في مِصْر.

**LISTEN AND REPEAT (DVD VOCABULARY)**

- أَنا مُتَـــزَوِّج
- تَـــزَوَّجْتُ قَبْلَ أَرْبَعِ سَنَوات
- لِيَ طِفْلٌ اِسْمُهُ عِماد وَعُمْرُهُ سِتَّة أَسابيع
- لِيَ ثــَلاثُ أَخَواتٍ

[1] The correct dual form for أخ ('brother') is أَخَوانِ.

أروى:

إذاً، يَسْكُنُ خالِد بَعيداً عَنْ والِدَيْهِ وَإخْوَتِهِ.

**Comprehension Questions**

مَتَى تزَوَّجَ خالِد؟

كَم أُخْتاً لِخالِد؟ وَكَم أَخاً لَهُ (= عِنْدَهُ)؟

هَل أَنْتَ مُتزَوِّج / ة؟

إذا كُنْتَ مُتَزَوِّجاً / ة، فَمَتَى[2] تَـــزَوَّجْتَ؟

---

[2] The expression إذا كُنْتَ ... فَ ... means "if you are ..., then ..."

**SEGMENT 3**

أروى:

سَنَسْتَمِع الآنَ إلى الْمُتَحَدِّثَة الثّالِثَة.

هَلْ مُمْكِنٍ أَنْ تُحَدِّثِينا عَنْ عائِلَتِك؟

"نيكول":

نَعَم، أبي وَأُمّي يَسْكُنانِ في وِلاية

"ميزوري." وهُناكَ ثَلَاث أَخَوات. أنا أصْغَر

واحِدة وأَسْكُنُ في مَدينَة "واشُنْطُن" وأنا

عَزْباء. الأُخْت الكُبْرى "جِنْفِر" تَسْكُنُ

في وِلاية "هاواي." هِيَ مُتَزَوِّجة وعِنْدَها

طِفْلان، بِنْت وَوَلَد. أُخْتي "كيتي" وَهِيَ

الوُسْطى، هِيَ تَسْكُن في مَدينَة

"فارمِنْتون" في وِلاية "ميزوري" قَريبة مِن أبي

وَأُمّي. هِيَ أيضًا مُتَزَوِّجة وَعِنْدَها وَلَد.

**LISTEN AND REPEAT (DVD VOCABULARY)**

◈  أَنا أَصْغَر واحِدَة

◈  أَنا عَزْباء

◈  الأُخْت الكُــبْرى

◈  أُخْتي ‹‹كيتي››، وَهِيَ الوُسْطَى

أروى:

‹‹نيكول››، إذاً، هِيَ الأُخْت الصُّغْرى في
عائِلَتِها.

## COMPREHENSION QUESTIONS

كَمْ أُخْتاً لِـــ"نيكول"؟

كَمْ طِفْلاً لِـــ"جنِفِر"؟

هَلْ "نيكول" مُتَزَوِّجة أَمْ عَزْباء؟

مَنْ هِيَ البِنْت الصُّغْرَى في عائِلَة "نيكول"؟

أَيْنَ تَـــسْكُــنُ "جنِفِر" وَكَمْ طِفْلاً عِنْدَها؟

أَيْنَ يَسْكُنُ والِدا[3] "نيكول"؟

---

[3] أَب + أُمّ = والِدان. In the *idafa* construct, however, the dual form of the noun loses the "ن" of the dual, hence "نيكول" **والِدا** (rather than "نيكول" **والِدان**).

## SEGMENT 4

أروى:

سَنَسْتَمِع
الآن إلى المُتَحَدِّث
الرّابِع.
تَحَدَّث عَنْ عائِلَتِكَ مِنْ فَضْلِكَ يا
مُحَمَّد!

مُحَمَّد:

تَتَكَوَّن عائِلَتي مِنْ أَبي وَأُمّي اللّذانِ[4]
يَسْكُنان في مَدينَة الـــدّاخْلة.[5] وَلَدَيَّ

---

[4] The correct form here would be اللَّذَيْنِ, since أَبي and أُمّي are in the genitive case following the preposition مِنْ.

[5] A city in Morocco.

خَمْسَة أَشِقَّاء وَشَقِيقَة واحِدَة ومُعْظَمُهُم

مُتَـــزَوِّجون وَلَدَيْهُم<sup>6</sup> أَوْلاد وَبَنات.

أروى:

وَأَيْنَ يَسْكُـــنون؟

مُحَمَّد:

يَسْكُـــنونَ في مُخْتَـلِفِ أَنْحاءِ

الـــعالَم.

أروى:

وَأَنْتَ، مُتَزَوِّج أَمْ أَعْزَب؟

مُحَمَّد:

وَأَنا مُتَـــزَوِّج وأَعيشُ مَعَ زَوْجَتي في

وِلاَيَة "فِرجينيا."

---

<sup>6</sup> Standard form: لَدَيْهم.

**LISTEN AND REPEAT (DVD VOCABULARY)**

- تَـــتَكَوَّن عائِلَتي مِنْ أَبي وأُمّي
- لَدَيَّ خَمْسَة أَشِقّاء وَشَقيقَة واحِدة
- مُعْظَمُهُم مُتَـــزَوِّجون
- يَسْكُـــنونَ في مُخْتَـــلِفِ أَنْحاءِ الـــعالَم

أروى:

ما شاءَ اللهُ! عائِلَة مُحَمَّد كَبيرَة.

**COMPREHENSION QUESTIONS**

أَيْنَ يَسْكُنُ مُحَمَّد؟

كَم شَقيقَةً لَهُ؟

أَيْنَ يَسْكُنُ والِدُ وَوالِدَةُ مُحَمَّد؟

كَمْ أَخاً (= شَقيقاً) لِمُحَمَّد؟

هَلْ جَميعُ[7] إخْوَةِ وَأَخَواتِ مُحَمَّد مُتَــزَوِّجون؟

**SEGMENT 5**

أروى:

سَنَسْتَمِعِ الآن إلى سَمير، وَهُوَ المُتَحَدِّث الخامِس.

حَدِّثْنا عَنْ عائِلَتِكَ يا سمير لَوْ سَمَحْت!

---

[7] جَميع = كُلّ.

سمير:

أَنا وُلِدْتُ في أُسْرةٍ صَغيرَة. لي ثَلاث شَــقيقات وَأَنا الابْنُ الـــوَحيد في الأُسْرة. لي ابْنَة صَغيرة عُمْرُها تِسْعُ سَنَوات تَـــعيشُ مَعي في "ميرِلاند."

**LISTEN AND REPEAT (DVD VOCABULARY)**

◈ أَنا وُلِدْتُ في أُسْرةٍ صَغيرَة

◈ أَنا الابْنُ الـــوَحيد في الأُسْرَة

◈ لي ابْنَة صَغيرة عُمْرُها تِسْعُ سَنَوات

أروى:

سَمير، إذاً، هُوَ الابْنُ الوَحيد في عائِلَتِهِ.

**Comprehension Questions**

هَلْ أُسْرَةَ سمير كَبيرَة؟

كَمْ أُخْتاً لِسمير؟

كَمْ عُمْرُ ابْنَة سَمير؟

مَعَ مَنْ تَسْكُنُ ابْنَة سمير؟

أَيْنَ يَسْكُنُ سمير وَابْنَتُهُ؟

## SEGMENT 6

أروى:

وَلِنَتَعَرَّفْ[8] مَعاً الآن على عائِلَة الُمتَحَدِّثَة السّادِسَة.

تَحَدَّثي عَن عائِلَتِكِ مِنْ فَضْلِك!

"لزلي":

أُمّي اسْمُها "أوريلا" وَهِيَ طَبيبَة نَفْسِيَّة وأَبي اسْمُه "كيندريك" وكانَ مُهَنْدِس[9] لكِنَّهُ الآن مُتَقاعِد. وَأَخي اسْمُهُ "ستيوارت" ولا يَعْمَل. وَأُخْتي اسْمُها "نيدين" وَتَعْمَل في قِسْم الإعْلانات.

---

[8] Should be وَلْنَتَعَرَّفْ, since the imperative *lam* (لِـ) loses its *kasra* whenever preceded by وَ or فَ.

[9] As the predicate of كانَ, it should be مُهَنْدِساً.

## LISTEN AND REPEAT (DVD VOCABULARY)

- طَــبيبَة نَــفْسيَّة
- كانَ مُهَنْدِس لكِنَّهُ الآن مُتَــقاعِد
- تَعْمَل في قِسْم الإعْلانات

أروى:

إذاً، والِدُ "لزلي" مُتَقاعِد وَلكِنَّ والِدَتَها ما زالَتْ تَعْمَل.

## COMPREHENSION QUESTIONS

كَمْ أَخاً عِنْدَ "لزلي"؟

ماذا تَعْمَلُ والِدَةُ "لزلي"؟

هَل كانَ والِدُ "لزلي" طَبيباً؟ وماذا يَعْمَلُ الآن؟

## SEGMENT 7

أروى:

لِنَسْتَمِع الآن إلى

المُتَحَدِّثَة السّابِعَة.

حَدِّثينا عن عائِلَتِكِ

مِنْ فَضْلِك!

مُنى:

أَنا مُتَزَوِّجَة وَلي ابْنَة تَبْلُغ إحْدى عَشْرَة سَنَة. أَنا أُقيمُ مَع ابْنَتي وَزَوْجي في الوِلايات المُتَّحِدَة الأَمْرِيكِيَّة بِـــهَدَف[10] الدِّراسَة.

[10] The speaker uses لِهَدَف as well as بِهَدَف. Both forms are correct and mean "for the purpose of, with the goal of."

**LISTEN AND REPEAT (DVD VOCABULARY)**

◈   لي ابْنَة تَبْلُغ إحْدى عَشْرَة سَنَة

◈   أَنا أُقيمُ مع ابْنَتي وَزَوْجي

◈   أُقيمُ في الوِلايات المُتَّحِدَة الأَمْريكِيَّة لِهَدَف
الدِّراسَة

أروى:

إذاً، مُنى هِيَ امْرَأَة كُوَيْتِيَّة تَدْرُس لِلدُّكْتوراة في
أميرِكا. [11]

---

[11] The more common pronunciation is: أَمْريكا.

**COMPREHENSION QUESTIONS**

مَنْ يُقيمُ مَعَ مُنى في أَمْرِيكا؟

كَمْ عُمْرُ ابْنَةِ مُنى؟

لِماذا تُقيمُ مُنى في أَمْرِيكا؟

هَلْ مُنى مُتَزَوِّجَة؟

**SEGMENT 8**

أروى:

وَسَنَسْتَمِع الآن إلى الْمُتَحَدِّثَة الثّامِنَة وَالأَخيرة.

رَنا:

والِدي مُهَنْدِس مَدَنيّ وَوالِدَتي مُهَنْدِسَة مِعْمارِيَّة. كانَت تَعْمَلُ في العِراق ولكِنْ في أَمْرِيكا هِيَ أصْبَحَتْ رَبّة بَيْت. أَنا أَكْبَر بِنْت

في العائِلَـــة. أُخْتي دُنيا أَصْغَر مِنّي بِــسَنة
واحِدَة، وَهِيَ الآنَ في كُـــلِّيَّة الــطِّبّ في
جامِعَة "هارفارد." وأُخْتي الثّانِيَة الآنَ في
الــمَدْرَسَة الثّانَوِيَّة.

**LISTEN AND REPEAT (DVD VOCABULARY)**

◈ والِدي مُهَنْدِس مَدَنيّ

◈ والِدَتي مُهَنْدِسَة مِعْمارِيَّة

◈ كانَت تَعْمَلُ في العِراق

◈ أَصْبَحَتْ رَبَّة بَيْت

◈ هِيَ الآنَ في كُـــلِّيَّة الــطِّبّ

أروى:

رَنا، إذاً، هِيَ البِنْتُ الكُبْرى في عائِلَتِها.

**COMPREHENSION QUESTIONS**

ماذا تَعْمَلُ والِدَةُ رَنا في أَمْريكا؟

أَيْنَ وَماذا تَدْرُسُ دُنْيا أُخْتُ رَنا؟

أَيْنَ تَدْرُسُ أُخْتُ رَنا الصُّغْرى؟

تَحَدَّث / ي عَنْ والِدِ رَنا.

## Lesson Exercises

### A. TRANSLATE INTO ARABIC

While I was studying at Harvard, I married an Arab student from the Middle East. He was also a student at Harvard. We got married and moved to Washington, DC. My son Niḍāl was born in 1981. He is a master's-level student at the University of Virginia. My husband works in Washington, whereas I work in Virginia. My husband is a professor of Arabic.

## B. SPEAKING ACTIVITIES

1. Tell a story about your nuclear family. Introduce each of your family members: father, mother, brothers, sisters, and children (if any). Use the following questions as a guide.

ماذا يَعْمَلُ والِدُكَ (= أَبوكَ)؟

ماذا تَعْمَلُ والِدَتُكَ (= أُمُّكَ)؟

كَمْ أَخاً لَكَ؟

كَمْ أُخْتاً لَكَ؟

هَلْ أَنْتَ مُتَزوِّج / ة؟

هَلْ أَنْتَ أَعْزَب / عَزْباء؟

أَيْنَ يَسْكُنُ والِداكَ؟

هَلْ جَميعُ إخْوَتِكَ وَأَخَواتِكَ مُتَــزَوِّجون؟

هَلْ عائِلَتُكَ كَبيرة؟

2.  Translate into Arabic:

> I have three brothers.
> You (*m. sing.*) have two sisters.
> My brother has a boy and a girl.
> I have one child.
> My sister has two children, a girl and a boy.
> He has one daughter.
> She has one son.

## Lesson Vocabulary

| | |
|---|---|
| family | عائِلة |
| married | مُتَــزَوِّج / ة |
| I married, got married | تَــزَوَّجْتُ |
| I have a child / baby | لي طِفْلٌ |
| his age (is) | عُمْرُهُ |
| father | أَب |
| mother | أُمّ |
| my father and mother, my parents | أَبي وأُمّي |
| they (*m. dual*) live, reside | يَسْكُــنانِ |
| sister | أُخْت، أَخَوات |
| I have three sisters and two brothers | لي ثــَلاثُ أَخَواتٍ وأَخَوان |
| older than me by … | أَكْبَر مِنّي بِــ … |
| she lives (*colloquial* when used to mean 'resides') | تَــعيشُ |
| father | والِد |
| mother | والِدَة |

| | |
|---|---|
| the north | الشَّمال |
| the south | الجَنوب |
| family | أُسْرَة، أُسَر |
| I am the youngest one (*f.*) | أَنا أَصْغَر واحِدة |
| I am single (*f.*) | أَنا عَزْباء |
| the oldest sister | الأُخْت الكُبْرى |
| she has two (younger) children | عِنْدَها طِفْلان |
| a girl and a boy | بِنْت وَوَلَد |
| middle (adj.) (*f.*) | الوُسْطى |
| my family is composed of … | تَتَكَوَّنُ عائِلَتي مِنْ … |
| who (rel. pron.) (*m. dual*) | اللَّذانِ / اللَّذَيْنِ |
| I have | لَدَيَّ |
| brother | شَقيق، أَشِقّاء |
| sister | شَقيقَة، شَقيقات |
| Most of them are married | مُعْظَمُهُم مُتَزَوِّجون |
| They have children (lit.: 'boys and girls') | لَدَيْهِم أَوْلاد وَبَنات |

| | |
|---|---|
| all over the world | في مُخْتَـلِف أَنْحاء الـعالَم |
| How about you? | وبالنِّسْبة لَـكَ؟ |
| I am the only son | أَنا الابْن الوَحيد |
| I have a small daughter | لي ابنة صَغيرة |
| her age (is) | عُمْرُها |
| the United States of America | الوِلايات المُتَّحِدَة الأَمْرِيكِيَّة |
| psychologist; psychiatrist (*f.*) | طَـبيبَة نَـفْسِيَّة |
| engineer | مُهَنْدِس |
| retired | مُتَـقاعِد |
| advertising department | قِسْم الإعْلانات |
| I have an eleven-year-old daughter | لي ابْنَة تَبْلُغُ إِحْدى عَشْرَة سَنَة |
| I live with my daughter and husband | أَنا أُقيمُ مع ابْنَتي وَزَوْجي |
| for studies, for the purpose of studying | لِهَدَف الدِّراسَة / بِهَدَف الدِّراسَة |
| civil engineer | مُهَنْدِس مَدَنيّ |
| architect (*f.*) | مُهَنْدِسَة مِعْمارِيَّة |

| | |
|---|---|
| she became, she has become | أَصْبَحَت |
| housewife | رَبّة بَيْت |
| the oldest daughter in the family | أَكْبَر بِنْت في العائِلَة |
| younger than me by ... | أَصْغَر مِنّي بِـ ... |
| faculty of medicine | كُلِّيَّة الطِّبّ |

# الدَّرْسُ الثّالِث - أَقْرِبائي

## Grammatical Features

- The prepositions لَدى and لِ are used in combination with pronouns to indicate what might be rendered into English as "to have." Both are more formal ways of expressing the same idea expressed in عِنْد. Thus:

| | |
|---|---|
| I have | عِنْدي = لَدَيَّ = لِيْ / لِيَ |
| you have (*m. sing.*) | عِنْدَكَ = لَدَيْكَ = لَكَ |
| you have (*f. sing.*) | عِنْدَكِ = لَدَيْكِ = لَكِ |

# Transcripts

أروى:

أَعِزّائي الطُّلّاب وَالطّالِبات، نَتَحَدَّث في الدَّرْسِ الثّالِثِ عَنِ الأَقْرِباء.

**MODEL – SEGMENT 1**

أروى:

نَسْتَمِع إلى الْمُتَحَدِّث الأَوَّل.

خالد:

لِيَ الكَــثير مِن الأَقرباء ، أَعْمام وَعَمّات وأَخْوال وَخالات، وَكُلُّهُم يَسْكُــنونَ في اليَمَن.

**LISTEN AND REPEAT (DVD VOCABULARY)**

- لِيَ الكَــــثير مِن الأَقرِباء
- أعْمام وَعَمّات وَأخْوال وَخالات

أروى:

يَسْكُنُ كُلُّ أَقْرِباءِ خالِد في اليَمَن.

**MODEL DRILLS**

1. Repeat and translate into English:

لِيَ الكَــــثير مِن...

أَقرِباء

عَمّ

أعْمام

عَمّة

عَمّات

خال

أخْوال

خالَة

خالات

2. Based on the text, agree or disagree with each statement and provide the correct answer, if necessary.

يَسْكُنُ كُلُّ أَقْرِباءِ خالِد في الوِلايات المُتَّحِدَة.

عِندَ خالِد الكَثير مِنَ الأَعْمام.

لَيْسَ عِندَ خالِد خالات.

خالِد عِندَه عَمّات.

3. Answer the following questions, first orally then in writing:

أَيْنَ يَسْكُنُ أَعْمام خالِد؟

هَل لِخالِد الكَثير مِنَ الأَقْرِباء؟

**SEGMENT 2**

أروى:

لِنَسْتَمِع إلى "نيكول."

"نيكول":

عِنْدي خال وَخالَة وَثَــلاث عَمّات، وعِنْدَهم أَطْفال، طَبْعاً، وَلكِن أَنا قَــرِيبَة جِدّاً لابن عَمَّتي وَهو يَسْكُنُ في مَدينَة "نيويورك."

**LISTEN AND REPEAT (DVD VOCABULARY)**

- عِنْدي خال وَخالَة وَثَــلاث عَمّات
- عِنْدَهُم أَطْفال، طَبْعاً
- أَنا قَــرِيبَة جِدّاً لابن عَمَّتي

أروى:

ما شاءَ اللهُ! "نيكول" لَدَيْها خال وَخالَة

وَثَــلاث عَمّات.

**COMPREHENSION QUESTIONS**

كَم عَمَّة لِــ"نيكول"؟

كَم خالاً لَها؟

ماذا تَقولُ "نيكول" عَن ابْنِ عَمَّتِها؟

**SEGMENT 3**

أروى:

لِنَسْتَمِع الآن إلى مُحَمَّد.

مُحَمَّد:

لَدَيَّ عَمّات وأَعْمام وَخالات وَأَخْوال، وأَبْناء عَمّ وَأَبْناء خالات.

**LISTEN AND REPEAT (DVD VOCABULARY)**

- أَبْناء عَمّ
- أَبْناء خالات

أروى:

إذاً، مُحَمَّد لَدَيْهِ كَثيرٌ مِنْ أَبْناءِ العَمّ وَأَبْناءِ الخالات.

**COMPREHENSION QUESTIONS**

هَلْ عِنْدَ مُحَمَّد أَخْوال؟

هَلْ لَدَيْهِ أَعْمام؟

**SEGMENT 4**

أروى:

نَسْتَمِع الآن إلى "بول،" وَهُوَ الْمُتَحَدِّثُ الأَخير.

"بول":

لي ثَــلاث خالات وأرْبَعَة أَخْوال. هُم يَسْكُنون في وِلايات مُخْتَــلِفة في الشَّمال. فَــقَط أنا وأُسْرَتي نَــسْكُن في الــجَنوب.

**LISTEN AND REPEAT (DVD VOCABULARY)**

- ثَـــلاث خالات
- أَرْبَعَة أَخْوال
- في الشَّمال
- في الـــجَنوب

أروى:

يَسْكُنُ أَقارِبُ "بول" في وِلاياتٍ مُخْتَلِفَة،
في شَمالِ الوِلايات المُتَّحِدَة.

### COMPREHENSION QUESTIONS

كَمْ خالَة لِـ"بول"؟

كَمْ خالاً لَهُ؟

أَيْنَ تَسْكُنُ أُسْرَةُ "بول"؟

# Lesson Exercises

### A. TRANSLATE INTO ARABIC

I have relatives all over the United States. My paternal cousins live
in Montana. There are two boys and one girl. My maternal aunt
and her children live in New England. She has four daughters and
one son. I am very close to the oldest girl in the family, Molly. I
visit them every year with my husband and my son.

### B. SPEAKING ACTIVITIES

1.  Using the various speakers as models, talk about your extended
    family, with the following questions to guide your description.

كَمْ عَمّاً عِندَكَ؟ ( = كَمْ عَمّاً لَكَ؟)

كَمْ خالاً عِندَكَ؟ ( = كَمْ خالاً لَكَ؟)

كَمْ عَمّة عِندَكَ؟ ( = كَمْ عَمّة لَكَ؟)

كَمْ خالَة عِندَكَ؟ ) = كَمْ خالَة لَكَ؟(

هَلْ هُم مُتَزَوِّجون؟

هَلْ عِندَهُم أولاد أوْ بَنات؟ ) = هَلْ لَهُم ...؟(

كَمْ وَلَداً وكَمْ بنتاً عِنْدَ كلٍّ ) = لِكُلٍّ( واحد مِنهُم؟

أَيْنَ يَسْكُنُ كُلُّ واحِد مِنهُم؟

هَلْ أَنْتَ قَريب / ة لأَيِّ واحِد مِنهُم؟

مَتى تَلْتَقونَ عادَةً؟

2. Draw your family tree and then discuss it with your classmates.
   Be specific when you talk about your relatives: Are they
   paternal or maternal relatives? Make use of the lesson
   vocabulary and the supplementary vocabulary provided at the
   end of the lesson.

# Lesson Vocabulary

| | |
|---|---|
| relatives | أَقْرِباء |
| paternal uncle | عَمّ، أَعْمام |
| cousin (son of a paternal uncle) | اِبْن عَمّ، أَبْناء أَعْمام |
| paternal aunt | عَمَّة، عَمّات |
| my cousin (son of my paternal aunt) | اِبن عَمَّتي، أَبْناء عَمَّتي |
| maternal uncle | خال، أَخْوال |
| cousin (son of a maternal uncle) | اِبن خال، أَبناء أَخْوال |
| maternal aunt | خالَة، خالات |
| cousin (son of a maternal aunt) | اِبن خالَة، أَبْناء خالات |

# Supplementary Vocabulary Describing Family Relationships

| | |
|---|---|
| grandfather | جَدّ / سَيِّد |
| my grandfather | جَدّي / سَيِّدي |
| grandmother | جَدّة / سِتّ |

| | |
|---|---|
| my grandmother | جَدّتي / سِتّي |
| baby | طِفْل، أَطْفال |
| I have children | عِنْدي أَوْلاد |
| I don't have children | ما عِنْدي أَوْلاد |
| I have children, both girls and boys | عِنْدي أَوْلاد وَبَنات / لي أَوْلاد وَبَنات |
| father-in-law | حَم |
| mother-in-law | حَماة |
| son-in-law | صِهْر |
| daughter-in-law | كَنّة |
| cousin (daughter of a paternal uncle) | اِبْنة عَمّ، بَنات أَعْمام |
| cousin (daughter of a paternal aunt) | اِبْنة عَمَّة، بَنات عَمّات |
| cousin (daughter of a maternal uncle) | اِبْنة خال، بَنات أَخْوال |
| cousin (daughter of a maternal aunt) | اِبْنة خالة، بَنات خالات |

# الدَّرْس الرّابِع – أَصْدِقائي

## Grammatical Features

- Units of time:

| | |
|---|---|
| day | يَوْم |
| week | أُسْبوع |
| month | شَهْر |
| year | سَنة |

- Use of the adverbs قَبْلَ ("before," essentially an
  adverb of time) and بَعْدَ ("after"). For example:

$$تَعَرَّفْتُ عَلَيْهِ قَبْلَ خَمْسِ سَنوات$$

$$وبَعْدَ انْتِقالِ عائِلِتي إلى أَمْريكا$$

- Comparatives and superlatives revisited:

| | | |
|---|---|---|
| superlative<br>*(Segment 2)* | أَعَزُّ | أَعَزُّ صَديقٍ لِيَ هُوَ<br>"جف" |
| superlative<br>*(Segment 4)* | أَقْدَمُ | أَقْدَمُ صَديقَة لِي اسْمُها<br>رانيا |
| comparative<br>*(Segment 7)* | أَطْوَلُ مِنّي | هِي أَطْوَلُ مِنّي بقَليل |

- The expression عِندَما كُنْتُ ("when I was"), as in:

$$عِنْدَما كُنْتُ أَدْرُسُ في القاهِرة$$

## Transcripts

أروى:

طُلّابي وَطالِباتي الأَعِزّاء، أهلاً بِكُم في الدَّرسِ الرّابِع.

نَقولُ في العَرَبِيَّة: "**الصَّديقُ وَقْتَ الضّيقِ**."

ونَقول أَيضاً: "**إذا كانَ لَدَيْكَ أَصْدِقاء فَأَنْتَ غَنيّ**." الأَصْدِقاء مُهِمّونَ في حَياتِنا.

نَتَحَدَّث في هٰذا الدَّرسِ عَنِ الأَصْدِقاء.

**MODEL – SEGMENT 1**

أروى:

نَسْتَمِع إلى المُتَحَدِّثَة الأولى وَهِيَ

"نيكول."

"نيكول":

لَدَيَّ أَصْدِقاء وَصَديقات في جَميع أَنْحاء

الوِلايات المُتَّحِدَة وَأَيْضاً في الشَّرْق الأَوْسَط.

هُنا، في "واشنطن دي سي،" لي أَرْبع

صَديقات حَميمات.

أروى:

كَيفَ تَعَرَّفْتِ على صَديقاتِكِ؟

"نيكول":

مِن خِلال العَمَل.

أروى:

ما هي النّشاطات المُفَضَّلَة لَكُنَّ يا "نيكول"؟

"نيكول":

مِن النَّشاطات المُفَضَّلَة لَنا التَّخييم في المَناطِق الطَّبيعيَّة أو الذَّهاب إلى السّينَما أَوْ أَحْياناً نُحِبُّ أنْ نَذْهَب إلى الـــمَسْرَح.

**LISTEN AND REPEAT (DVD VOCABULARY)**

- صَديقات حَميمات close friends
- التَّخْييم في المَناطِق الطَّبيعيَّة camping in natural places
- أَحْياناً نُحِبُّ أَنْ نَذْهَب إلى الـــمَسْرَح sometimes we like going to the theater

أروى:

"نيكول" لَها أَصْدِقاء وَصَديقات في أميرِكا وَفي الشَّرْق الأَوْسَط.

**Model Drills**

1. Repeat and translate into English:

صَديق حَميم close friend

صَديق عَزيز dear "

أصْدِقاء أعِزّاء

صَديقَة عَزيزَة

صَديقَة حَميمَة

صَديقات حَميمات

2. Based on the text, agree or disagree with each statement and
provide the correct answer, if necessary.

*to get to know*

تَعَرَّفَت "نيكول" عَلى صَديقاتِها في الجامِعَة. *لم في العُمْر.*

*Nicole likes swimming*

تُحِبُّ "نيكول" السِّباحَة.

تُحِبُّ "نيكول" أنْ تَذْهَبَ إلى (أو الذَّهاب إلى)

*Nicole loves to go to the cinema w/ her friends.*

السّينَما مَع صَديقاتِها.

"نيكول" عِندَها خَمس صَديقات عَزيزات في

"واشنطن دي سي."

3. Answer the following questions, first orally then in writing:

كَمْ صَديقَة لِـ "نيكول" في "واشنطن"؟

كَيْفَ تَعَرَّفَتْ "نيكول" على صَديقاتِها؟

*America?* *from Nicole's female friends & male friends* *all* *Are*

هَل جَميع أصْدِقاء وَصَديقات "نيكول" مِن أمْريكا؟

ماذا تُحِبُّ أنْ تَعْمَلَ "نيكول" وَأصْدِقاؤُها أحْياناً؟

**SEGMENT 2**

أروى:

لِنَسْتَمِع الآن إلى خالِد يَتَحَدَّث عَنْ أَصْدِقائِهِ.

خالد: I have a lot of friends

لِيَ الكَثير مِنَ الأَصْدِقاء في الـــيَمَن وفي الْوِلايات الْمُتَّحِدَة.

أروى:

كَيْفَ تَعَرَّفْتَ عَلَيْهِم؟

خالد:

تَعَرَّفْتُ عَليهِم إمّا في الـــجامِعَة أَوْ في الـــعَمَل.

أروى:

مَنْ هُوَ أَعَزُّ صَديقٍ لَدَيْكَ يا خالِد؟

خالد:

my dearest friend

أَعَزُّ صَديق لِيَ هُوَ "جِف،" وهو يَعملُ كَمُدَرِّسٍ لِلُّغَةِ الإنْجليزيّة. تَعَرَّفْتُ عَلَيْهِ قَبْلَ حَوالَيْ خَمْس سَنوات عِندَما دَرَسْنا في الجامعةِ سَوِيّاً.

**LISTEN AND REPEAT (DVD VOCABULARY)**

- لِيَ الْكَثير مِنَ الأصْدِقاء
- أعزُّ صديقٍ لِيَ هُوَ "جِف"
- يَعْمَلُ كَمُدَرِّسٍ لِلُّغَةِ الإنكْليزيّة
- دَرَسْنا في الجامِعَة سَوِيّاً

أروى:

عِنْدَ خالِد كَثيرٌ مِنَ الأَصْدِقاء في اليَمَن وَفي الوِلايات المُتَّحِدَة، لكِن أَعَزَّ صَديقٍ لَهُ هُوَ "جِف".

وَأَنْتَ أَيُّها الطّالِب: تَحَدَّث عَنْ أَعَزِّ صَديقٍ أَوْ صَديقَةٍ لَكَ.

وَأَنْتِ أَيَّتُها الطّالِبَة: تَحَدَّثي عَنْ أَعَزِّ صَديقٍ أَوْ صَديقَةٍ لَكِ.

**COMPREHENSION QUESTIONS**

ما اسْمُ أَعَزِّ صَديقٍ لِخالِد؟

ماذا يَعْمَلُ أَعَزُّ صَديقٍ لِخالِد؟

مَتى تَعَرَّفَ خالِد على أَعَزِّ صَديقٍ لَهُ؟

**SEGMENT 3**

أروى:

لِنَسْتَمِعِ الآن إلى "بول".

"بول":

لي أَصْدِقاء كَثيرون في مَدينَة "بوسْطُن" حَيثُ أَسْكُن. خَمْسَة مِنهُم طُلّاب عِراقيّون يَدرُسون في جامِعات مُخْتَلِفة في نَفْسِ المَدينَة.

أروى:

كَيْفَ تَعَرَّفْتَ عَلَيْهِم؟

"بول":

تَعَرَّفتُ عَليهِم عَن طريق عَمَلي.

أروى:

ماذا تَفْعَلون في وَقتِ الفَراغ؟

”بول“:

في وقتِ الفَراغ أَنا أُحِبّ الخُروج مَع أَصْحابي.
فَأَحْياناً نَذْهَب إلى الـــسّينَما مَثلاً أَوْ نَجْلِس في
مَقْهى وَنَشْرب الـــشّاي وَالقَهوة.
أنا وَثَلاثَة مِن أَصْدِقائي نُحِبّ أنْ نَلْعَب كُرَة
القَدَم كُلّ أُسْبوع. وأَيْضاً نَذْهَب إلى
المُحاضَرات الـــثّقافِيَّة أَوْ الـــسِّياسِيَّة في بعضِ
الأَحْيان.

**LISTEN AND REPEAT (DVD VOCABULARY)**

- نَجْلِس في مَقْهى ونَشْرب الـــشّاي وَالقَهوَة
- نُحِبّ أنْ نَلْعَب كُرَة القَدَم
- نَذْهَب إلى المُحاضَرات الـــثّقافِيَّة أَوْ الـــسِّياسِيَّة

أروى:

يَجْلِسُ "بول" في المَقْهى وَيَشْرَبُ الشّاي أَو القَهْوَة مَع أَصْدِقائِهِ.

## Comprehension Questions

كَيْفَ تَعَرَّفَ "بول" على أَصْدِقائِهِ؟

مَعْ مَن يَلْعَبُ "بول" كُرَةَ القَدَمِ؟

ماذا يُحِبُّ "بول" أَنْ يفعَلَ في وَقْتِ الفَراغ؟

ماذا يَفْعَلُ أَصْدِقاءُ "بول" في مَدينَةِ "بوسْطُن"؟

## Segment 4

أروى:

نَسْتَمِع إلى رَنا تَتَحَدَّثُ عَنْ أَصْدِقائِها.

رنا:

أَقْدَم صَديقَة لِي اسْمُها رانيا وهِي كانت صَديقة طُفولَتي، وكُنّا مَعاً في المَدْرَسة الابْتِدائِيَّة. وبَعْدَ انْتِقال عائِلتي إلى أَمْريكا بَقَيْنا[1]

[1] Correct form: بَقِينا, with a *kasra* on the ق. The speaker happened to say it with a different vowel (*fatha*).

عَلى اتِّصال. والآن هِي جاءَت إلى أَمريكا لأنّها حَصَلتْ عَلى مِنْحَة دِراسّية وتَسْكُن الآن في وِلاية "نيويورك."

أروى:

ماذا تَفْعَلينَ أَنْتِ وَأَصْدِقاؤُكِ في وَقْتِ الفَراغ؟

رنا:

أَسْتَمْتِع بالطَّبْخ كَثيراً، وأُحِبّ أيْضاً أن أَلْتَقي مَع بَعْض الزُّمَلاء والأصْدِقاء لِلذَّهاب إلى السّينما أو إلى مُحاضَرة في إحدى جامِعات مَدينَة "بوسْطُن."

**LISTEN AND REPEAT (DVD VOCABULARY)**

- أقْدَم صَديقة لِي
- صَديقَة طُفولَـــتي
- بَعْدَ انْتِقال عائِلَتِي إلى أَمْريكا
- بَقَيْنا عَلى اتِّصال
- حَصَلتْ عَلى مِنْحَة دِراسّية
- أستَمْتِع بالطَّبْخ كَثيراً
- أُحِبّ أَنْ أَلْتَقي مع بَعْض الزُّمَلاء والأَصْدِقاء

أروى:

صَديقَةُ رنا جاءَت إلى الوِلايات المُتَّحِدَة لأَنَّها حَصَلتْ عَلى مِنْحَةٍ دِراسّيةٍ في "نيويورك."

**COMPREHENSION QUESTIONS**

ما اسْمُ أقْدَم صَديقة لِرَنا؟

لِماذا جاءَت إلى الوِلايات المُتَّحِدَة؟

بِماذا تَستَمْتِعُ رَنا؟

مَعَ مَنْ تُحِبُّ رَنا أنْ تَلْتَقي؟

**SEGMENT 5**

أروى:

نَسْتَمِع الآن إلى مُحَمَّد.

هَلْ لَدَيْكَ أصْدِقاء يا مُحَمَّد؟

مُحَمَّد:

نَعَمْ، لَدَيَّ أَصْدِقاء كَثيرون.

أروى:

كَيْفَ تَعرّفْتَ عَليهِم؟

مُحَمَّد:

مُعْظَمُهم نَشَأْتُ مَعَهُم وَما زِلْتُ عَلى اتِّصال مَعَهم إلى حَدِّ الآن، كَما أَنَّني تَعَرَّفْتُ عَلى بَعضِهم مِن خِلال العَمَل.

أروى:

هَلْ لَدَيْكَ أصْدِقاء هُنا في أَميرِكا؟

مُحَمَّد:

نَعَم، لَدَيَّ أَصْدِقاء كَثيرون في الوِلايات المُتَّحِدَة الأَمْريكيَّة وكَذلِك خارِجَ الوِلايات المُتَّحِدَة.

أروى:

ماذا تَفْعَلونَ في وَقْتِ الفَراغ؟

مُحَمَّد:

عادةً نَذْهَبُ إلى المَسْرَح أونُمارِسُ الرِّياضَة أونَذْهَبُ مَعاً إلى المَطْعَم.

**LISTEN AND REPEAT (DVD VOCABULARY)**

- ما زِلْتُ عَلى اتِّصال مَعَهُم إلى حَدِّ الآن
- نُمارِسُ الرِّياضَة

أروى:

تَعَرَّفَ مُحَمَّد على بَعْضِ أَصْدِقائِهِ مِن خِلالِ العَمَل.

**COMPREHENSION QUESTIONS**

ماذا يَفْعَلُ مُحَمَّد وَأصْدِقاؤُهُ في وَقْتِ الفَراغ؟

أَيْنَ هُم أَصْدِقاءُ مُحَمَّد؟

هَلْ لَدَيْهِ أَصْدِقاء في أَمريكا فَقَط؟

## SEGMENT 6

أروى:

لِنَسْتَمِع الآن إلى سَمير يَتَحَدَّثُ عَنْ أَصْدِقائِهِ.

سمير:

لي أَصْدِقاء في مِصر وَأَصْدِقاء في الولايات
المُتَّحدة. لِيَ أصْدِقاء مِن أَيّام الطُّفولَة وَمِن أَيّام
الـــجامِعَة عِندما كُنْتُ أدْرُسُ في القاهِرة.
وأَيْضاً لِي صَديقانِ اثنان أَعْرِفُهُم مِن خِلال
لِعبة[2] كُرَة القَدَم وأنا أَلْعَبُ مَعَهُم عَلى الأَقَلّ
مَرَّة في الأُسْبوع.

---

[2] It should be لُعْبَة.

My Friends 92

## LISTEN AND REPEAT (DVD VOCABULARY)

- لِي أصْدِقاء مِن أَيّام الطُّفولَة
- عِندَما كُنْتُ أَدْرُسُ في القاهِرَة
- أَلْعَبُ مَعَهُم على الأَقَلّ مَرَّة في الأُسْبوع

أروى:

إذاً، عِنْدَ سَمير أصْدِقاء مِنْ أَيّام الطُّفولَة وَمِنْ أَيّام الـــجامِعَة.

**COMPREHENSION QUESTIONS**

كَمْ مَرَّة في الأسْبوع يَلْعَبُ سَمير كُرَة القَدَم مَعَ صَديقَيْهِ؟

هَلْ عِنْدَ سَمير أَصْدِقاء مِنْ أَيّام الجامِعَة؟

**SEGMENT 7**

أروى:

نَسْتَمِع الآن إلى

المُتَحَدِّثَة الأَخيرة،

سارَة، وَهِيَ

تَصِفُ إحْدى صَديقاتِها.

سارة:

صَديقَتي "ماريان" تَسْكُنُ في ولاية "كالورادو"

by a little bit — taller than me — Denver

في مَدينَة "دِينفر." هِيَ أطْوَل مِنّي بِقَليل

وشَعْرُها أَشْقَر وَقَصير. تَعَرّفتُ عَليها في اليابان
حَيثُ كُنّا ضابِطَتَيْن هُناك.

**LISTEN AND REPEAT (DVD VOCABULARY)**

- هِيَ أَطْوَل مِنّي بِقليل
- شَعْرُها أَشْقَر وَقَصير

أروى:

صَديقَةُ سارَة هِيَ أَيْضاً ضابِطَة، تَعَرَّفتْ عَلَيْها
في اليابان.

## COMPREHENSION QUESTIONS

أَيْنَ تَعَرَّفَتْ سارة عَلى صَديقَتِها؟

أَيْنَ تَسْكُنُ "ماريان"؟

ماذا تَعْمَلُ سارة؟   *ضابطة في سلاح الجو الأمريكي*

*An officer in the American Air Force*

ماذا تَقولُ سارة عَن شَعْرِ صَديقتِها؟

# Lesson Exercises

## A. TRANSLATE INTO ARABIC

My oldest friend is Susanne. She is from Switzerland (سويسرا). I met her more than 30 years ago in the U.S. Susanne came to study in the U.S. and lived with my family. We stayed in touch and visit each other every year. Sometimes I go to Switzerland and sometimes she comes to the U.S. and spends about a month with me and my family. When we are together, we enjoy cooking, shopping, and going to the beach.

*Homework*

*· Translate above passage*

*· Answer questions on*

*pp 96-7.*

## B. Speaking Activities

1. Using the various speakers as models, talk about your friends, with the following questions to guide your description.

كَم صَديقاً وَصَديقة عِنْدَكَ؟

أَيْنَ تَعَرَّفْتَ عَليهم؟

كَيْفَ تَعَرَّفْتَ عَلَيْهم؟

مَتى تَعَرَّفْتَ عَلَيْهم (أَيْ، مُنْذُ كَم شَهراً أَو سَنَةً تَعْرِفُهُم / تَعْرِفينَهُم)؟

ماذا يَعْمَلُ هَؤلاء الأصْدِقاء وَالصَّديقات (مَثَلاً، هَل هُم طُلّاب أَو طالِبات؟ هَل هُم أَساتِذَة أو أُسْتاذات؟)

ما هِيَ النَّشاطات التي تَقومُ / ينَ بِها في وَقْتِ الفراغ مع أَصْدِقائِكَ، مَثَلاً:

- التَّخييم في المَناطِق الطَّبيعيَّة؟
- الذَّهاب إلى السّينَما؟

• الـــمَسْرَح؟

تَحَدَّث / ي عَنْ أَعَزِّ صَديق أَو صَديقَةٍ لَكَ!

هَل حَصَلَ أَحَدُ أَصْدِقائِكَ أَوْ إِحْدى صَديقاتِكَ عَلى مِنْحَة دِراسِيّة؟

هَل حَصَلْتَ أَنْتَ عَلى مِنْحَة دِراسِيّة؟

هَلْ لَدَيْكَ أَصْدِقاء خارِجَ الوِلايات المُتَّحِدَة؟

هَلْ ما زِلْتَ عَلى اتِّصال مَعَهُم إِلى حَدِّ الآن؟

كَمْ صَديقاً أَوْ صديقة لَكَ مِنْ أَيّام الطُّفولَة؟

2. How do you say in Arabic "I have many male and female friends"?

3. Use the supplementary vocabulary provided at the end of the lesson to describe the physical appearance of:

- yourself
- a friend
- your mother
- your father
- one of your sisters
- one of your brothers

# Lesson Vocabulary

| | |
|---|---|
| friend (*m.*) | صَديق، أَصْدِقاء |
| friend (*f.*) | صَديقَة، صَديقات |
| you (*m. / f. sing.*) met; you got to know | تَعَرَّفْتَِ (على) |
| I get together (with) | أَلْتَقِي (مَعَ) |
| How many friends do you have? | كَمْ صَديقاً / ةً لَدَيْكَِ؟ |
| activity | نَشاط، نَشاطات |
| your (*m. pl.*) favorite activities | نَشاطاتُكُم المُفَضَّلَة |
| What does your friend do? | ماذا يَعْمَلُ صَديقُكَِ؟ |
| How did you meet (him / her)? | كَيْفَ تَعَرَّفْتَِ (عليه / عَلَيها)؟ |
| Where did you meet (him / her)? | أَيْنَ تَعَرَّفْتَِ (عَليه / عَلَيها)؟ |
| you do (*m. sing. – pl.*) | تَفْعَل – تَفْعَلون |
| What do you do in your free time? | ماذا تَفْعَلونَ في وَقْتِ الفَراغ؟ |
| we go to | نَذْهَبُ إلى |
| we visit | نَزورُ |

| we undertake; we do | نَقومُ بِ ـ |
| hobby | هِواية، هِوايات |
| game | لُعْبَة، أَلْعاب |

## Supplementary Vocabulary
## Describing Physical Appearance

| tall | طَويل / ة |
| of medium height | مُتَوَسِّط / ة الطُّول / القامة |
| short | قَصير / ة |
| slim | نَحيف / ة |
| fat, heavy | بَدين / ة |
| medium weight | مُتَوَسِّط / ة في الوَزْن |
| handsome | وَسيم |
| beautiful | جَميل / ة |
| small | صَغير / ة |
| middle-aged | مُتَوَسِّط / ة العُمر |

| | |
|---|---|
| old (*m.* and *f.*) (said of a person) | عَجوز |
| pregnant | حامِل |
| hair | شَعْر |
| short / long hair | شَعْر قَصير / طَويل |
| bald | أَصْلَع |
| curly | مُجَعَّد |
| black (*m.* / *f.*) | أَسْوَد / سَوْداء |
| grey (hair); grey-haired (person) | شائِب |
| blond (*m.* / *f.*) | أَشْقَر / شَقْراء |
| soft | ناعِم |
| moustache | شارِب |
| beard | لِحْيَة |
| eye | عَيْن، عُيون |
| color | لَوْن، أَلْوان |
| red (*m.* / *f.*) | أَحْمَر / حَمْراء |

| | |
|---|---|
| brown (*m.* / *f.*) | بُنّيّ / بُنّيَّة |
| hazel (eyes) (*m.* / *f.*) | عَسَليّ / عَسَليَّة |
| green (*m.* / *f.*) | أَخْضَر / خَضْراء |
| blue (*m.* / *f.*) | أَزْرَق / زَرْقاء |
| grey (*m.* / *f.*) | رَماديّ / رَماديَّة |
| dark (color) | (لون) غامِق |
| light (color) | (لون) فاتِح |

# الدَّرْسُ الخامِس - هِواياتي

## Grammatical Features

- Use of the verb أُحِبّ. It is either:
  - ♦ followed by the particle أنْ + a verb, as in أُحِبُّ أنْ أَذْهَبَ (for further examples see Lesson 4, Segments 1, 3, and 4);
  - ♦ followed by a noun, as in أُحِبُّ السِّباحَة;
  - ♦ followed by a pronoun, as in أُحِبُّها.

- The passive form: صُنِعَ ("was made," passive of
  صَنَعَ).

- Negation of the past using the particle لَم, as in لَم
  أَشْتَرِه¹

- Use of إِيَّا, as in أَهْدانِي إِيّاه. إِيّا appears as the pronoun object
  carrier with verbs of giving, such as أَعْطَى or أَهْدَى, which
  can take two objects. The recipient is called the *indirect
  object* (in this case أنا represented by the pronoun ي), while
  that which is given is called the *direct object*. In cases in
  Arabic where the two objects (direct and indirect) are
  suffixes, the pronoun that represents the direct object is
  attached to إِيّا. Hence أَهْدانِي إِيّاه (literally, "he gave me it as
  a present," with "it" translating the pronoun suffix ه in
  إِيّاه).

---

¹ The verb in this example is a defective verb and therefore loses its weak letter
  when it follows the negation particle لَم.

## Transcripts

أروى:

أَعِزّائي الطُّلاب والطّالِبات، ذَكَرَ المُتَحِدِّثون في الدَّرْسِ السّابِق بَعضَ هِواياتِهِم، مِثل كُرَة القَدَم والتَّخييم والذَّهابَ إلى السّينَما والطَّبْخ.

في هٰذا الدَّرْس، الدَّرْس الخامِس، سَوفَ نَستَمِع إلى "لِنْدزي" وَمُحَمَّد وَمُنى وَحَنّا يَتَحَدَّثونَ عَنْ هِواياتِهِم المُفَضَّلَة.

## MODEL – SEGMENT 1

أروى:

مَرحباً.

"لِنْدزي":

مَرحباً.

أروى:

*Could you tell us*

مُمْكِن أَنْ تُحَدِّثينا عَن هِواياتِكِ المُفَضَّلَة؟

"لِنْدزي":

*music concerts*

أُحِبّ أَنْ أَذْهَب إلى الــحَفْلَة[2] الموسيقيَّة مَعَ
*The Beach       or Swimming*
أَصْدِقائي. أُحِبّ الــسِّباحَة عَلى الشَّاطِئ
*reading*
وأُحِبّ القِراءة.

---

[2] Preferable to use the plural form الــحَفَلات.

أروى:

ما هِيَ الكُتُب وَالأَفْلام المفَضَّلَة لَكِ؟

"لِنْدزي":

الكُتُب المُفَضَّلَة لي هِيَ الرِّوايَة وَالكُتُب السِّياسِيَّة. وَالأَفْلام المُفَضَّلَة لي هِيَ أَفلام "الدَّراما" وَالأَفْلام العاطِفِيَّة.

**LISTEN AND REPEAT (DVD VOCABULARY)**

- أُحِبّ أنْ أَذْهَب إلى الحَفْلَة الموسيقِيَّة
- أُحِبّ السِّباحَة عَلى الشَّاطئ
- الرِّوايَة
- الأَفْلام العاطِفِيَّة

أُروى:

إذاً، "لِنْدزي"، تُحِبُّ السِّـباحَة
وَالقِراءَةَ وَمُشاهَدَةَ الأَفْلام العاطِفِيَّة.

*Swimming* (above السِّباحة)
*Therefore* (above إذاً)
*Romantic* (above العاطفية)
*watching* (above مشاهدة)

## MODEL DRILLS

1.  Repeat and translate into English:

أُحِبّ قِراءَةَ الرِّوايَات.

أُحِبّ قِراءَةَ الكُتُب السِّياسِيَّة.

أُحِبّ مُشاهَدَةَ الأَفْلام العاطِفِيَّة.

أَفْلامي المُفَضَّلَة هِيَ الأَفْلام العاطِفِيَّة.

هِوايَتي المُفَضَّلَة هِيَ السِّـباحَة في البَحْر.

*Romantic movies* (above الأفلام العاطفية)
*mufadalah* (above المُفَضَّلَة)
*ocean* (above البحر)

2. Based on the text, agree or disagree with each statement and provide the correct answer, if necessary.

"لِنْدزي" تُحِبُّ الـــسِّباحَة.

"لِنْدزي" لا تُحِبُّ القِراءَة.

Historical

أَفْلامُ "لِنْدزي" المُفَضَّلَة هِيَ الأَفْلام التّاريخِيَّة.

3. Answer the following questions, first orally then in writing:

ما هِيَ الأفْلام المُفَضَّلَة عِنْدَ "لِنْدزي"؟

هَلْ تُحِبُّ "لِنْدزي" قِراءَة الكُتُب السِّياسِيّة أم الكُتُب التّاريخِيَّة؟

إلى أَيْنَ تَذْهَبُ "لِنْدزي" مَعَ أَصْدِقائِها؟

**SEGMENT 2**

أروى:

نَسْتَمِع الآن إلى مُحَمَّد.

ما هي الهِوايات الَّتي تُمارِسُها عادةً؟

*usually* *practice*

مُحَمَّد:

أُحِبُّ كثيراً المُطالَعَة كما أُحِبُّ السَّفَر.

*traveling* *likewise* *reading* *a lot*

**LISTEN AND REPEAT (DVD VOCABULARY)**

◈   المُطالَعَة

◈   السَّفَر

أروى:

إذاً، يُحِبُّ مُحَمَّد المُطالَعَة وَالسَّفَر.

## COMPREHENSION QUESTIONS

إِشْرَح / ي ما مَعْنى "الْمُطالَعَة"!

_reading_

هَلْ يُحِبُّ مُحَمَّد الْمُطالَعَة؟

وماذا يُحِبُّ مُحَمَّد بِالْإِضافة إلى الْمُطالَعَة؟

_in addition_

## SEGMENT 3

أروى:

وَالآن نَسْتَمِع إلى مُنى.

_More to we will listen now_

مُنى:

هِواياتي هي زيارة الـمَتاحِف والمَعارِض الفنيَّة

_Art Exhibitions & museums visiting are My hobbies_

والْمُشارَكة بِالْفَعَّالِيَّات الثَّـقافِيَّـة مِن كُلِّ

_over all from cultural activities in participating_

دُوَل العالَم. وأيضاً أُحِبّ السِّباحَة و "التِّـنِـس"

_tennis & swimming I like Also of the world countries_

وسَماع موسيقى "الجاز".

_Jazz music hearing &_

## LISTEN AND REPEAT (DVD VOCABULARY)

*museums* *visit*

◆ زيارة الـــمَتاحِف

place of... = $\overset{\circ}{\Delta} \acute{\rho}$

*art* *exhibitions*

◆ المَعارض الفنِّـــيَّة

$\overset{\circ}{\text{مَعْرَضُ}}$ =

*cultural* *activities* *participation*

◆ المُشارَكة بِالفَعّالِيّات الثَّـــقافِيَّـــة

أروى:

*hearings ; tennis* *she liked that Muna mentioned*

ذَكَرَت مُنى أنَّها تُحِبُّ "التِّـــنس" وسَماع

*Jazz music*

موسيقى "الجاز."

## Comprehension Questions

تَحَدَّث / ي عَن هِواياتِ مُنى! ما هِيَ تِلْكَ الهِوايات؟

اُذْكُر / ي أَيَّةً مِنْ هٰذِهِ الهِوايات تُحِبُّ / ينَ!

## Segment 4

أروى:

الآن نَسْتَمِع إلى

حَنّا.

هَلْ عِنْدَكَ

هِوايات؟ ما هِيَ

تِلكَ الهِوايات؟

حَنّا:

نَعَم، أَنا عِنْدي هِوايَة الموسيقى، أُحِبُّ الموسيقى كثيراً. كما أنّي أَحْبَبْتُ العَزْفَ عَلى العود.

أروى:

هَلْ مُمْكِن أَنْ تَعْزِف لَنا مَقْطوعَة موسيقِيَّة؟

حَنّا:

مُمْكِن، لا بَأس.

أروى:

تَفَضَّل!

<حنا يَعْزف على العود.>

أروى:

تَحَدَّثْ عَنِ العود لَوْ سَمَحْتَ!

حنّا:

هٰذا العود قديم جدًّا. تاريخُه، عُمرُه، مِنْ سِنْة[3]
العِشْرين، صُنِعَ في سوريا.

أروى:

وَمِنْ أَيْنَ اشْتَرَيْتَهُ؟

حنّا:

هٰذا لَم أَشْتَريه،[4] أَهْداني إيّاه[5] المَرحوم زَوْج
أُخْتي إخْلاص لَبيب حَزبون. جاء هٰذا العود
مِنْ سوريا إلى الأُرْدُن، وَمِنَ الأُرْدُن إلى القُدْس

---

[3] Colloquial.

[4] The correct form is لَم أَشْتَرِه. See note under Grammatical Features.

[5] A verb of giving can take two objects (direct and indirect). See note under
Grammatical Features.

إلى عَمَّتِهِ، وَأَعْطوه إيَّاه فَهُوَ أَهْداني إيَّاه. رَحِمَهُ

اللهُ،6 ماتَ قَبْلَ أُسْبوعَيْن.

## LISTEN AND REPEAT (DVD VOCABULARY)

◈  أَحْبَبْتُ العَزْفَ عَلى العود

◈  صُنِعَ في سوريا

◈  أَهْداني إيَّاه

أَروى:

هِوايَةُ حَنّا المُفَضَّلَة، كَما شاهَدْتُم أَعِزّائي

الطُّلاب، هِيَ العَزْفُ على العود.

---

6 "May God have mercy upon him," usually referring to a deceased relative or
friend. When the deceased is a woman the phrase is رَحِمَها الله.

## Comprehension Questions

مَنْ أعطى العود لِحَنّا؟

أينَ صُنِعَ العود؟ وكَم عُمْرُهُ؟

هَلْ اسْتَمْتَعْتَ بِعَزْفِ حَنّا عَلى العود؟

# Lesson Exercises

## A. Translate into Arabic

الْقِراءة رُكوب الدّرّاجة العَزْف الْبِيانو على

Reading, bike riding, and playing the piano are my favorite
hobbies. I grew up in a family that loves music. One of my sisters
plays the piano; the other sings. I also like to play the piano, but I
don't have much time for that. I spend a lot of time working on the
computer at home, and in the evening I read novels. Sometimes I
watch TV and sometimes I play the piano.

والِدة مِن أُخواتي تَعْزِف على

الأُخرى تُغَنّي

أقضي وقتا كثيراً أعمل على الحاسوب في البيت.

في المساء أقرأُ روايات

ابنا هِـ

## B. Speaking Activities

Using the various speakers as models, talk about your hobbies, with the following questions to guide your description. Make use of the lesson vocabulary and the supplementary vocabulary provided at the end of the lesson.

أيَّ موسيقى تُحِبُّ / ينَ؟

هَل تُحِبُّ / ينَ قِراءَةَ الكُتُب؟

كَمْ كِتاباً تَقْرَأ / ينَ كُلَّ سَنَة؟

تَحَدَّث / ي عَنْ كِتابٍ تُحِبُّهُ / تُحِبّينَهُ.

هَلْ سَمِعْتَ عَنْ الكاتِب نَجيب مَحفوظ؟ وهَلْ
تَعْرِف / ينَ أَيَّةً مِن رِواياتِهِ؟

في أَيِّ فَصْلٍ مِن فُصول السَّنة يَذْهَبُ النّاس إلى
السِّباحَة في البَحر؟

ما مَعْنى "الأَفْلام العاطِفِيَّة"؟

هَلْ سَمِعْتَ عَزْفاً على العود قَبْلَ هٰذِهِ المَرَّة؟ مَتى
وأَينَ؟

هَل سَمِعْتَ عَنِ الحَفَلات الموسيقيَّة لِـــ "أُمّ كُلْثوم"؟

هَلْ تُحِبُّ / ينَ السَّفَر؟

إلى أَيَّةِ وِلايات سافَرْتَ؟

هَلْ سافَرْتَ إلى الشَّرْقِ الأَوْسَط؟

هَلْ سافَرْتَ إلى أُروبا؟

# Lesson Vocabulary

| | |
|---|---|
| hobby | هِوايَة، هِوايات |
| game; match | لُعْبَة، أَلْعاب |
| reading | القِراءَة |
| reading | المُطالَعَة |
| swimming | السِّباحَة |
| ball | كُرَة |
| soccer | كُرَة القَدَم |
| tennis | "التِّنس" |
| travel | السَّفَر |
| shopping | التَّسَوُّق |
| watching television | مُشاهَدَة التِّلْفاز |
| taking a walk | التَّنَزُّه |
| the deceased | المَرْحوم |
| May God have mercy upon him | رَحِمَهُ الله |

## Supplementary Vocabulary Describing Hobbies

| | |
|---|---|
| hockey | "الهوكي" |
| skiing | التَّزَلُّج على الجَليد |
| jogging, running | العَدْو / الجَرْي |
| horseback riding | رُكوب الخَيْل |
| cooking | الطَّبْخ |
| camping | التَّخْييم |
| dancing, dance | الرَّقْص |
| volleyball | الكُرَة الطّائِرَة |
| baseball | "البيسبول" |
| waterskiing | التَّزَلُّج على الماء |
| hunting | الصَّيْد |
| chess | الشَطْرَنْج |
| wrestling | المُصارَعَة |
| bike riding | رُكوب الدَّرّاجات |

# الدَّرْسُ السّادِس ـــ بَرْنامَجي اليَوْميّ

## Grammatical Features

- Telling time, as in the following examples from the text:

أَسْتَيْقِظُ مُبَكِّراً في السّاعَة السّابعة صَباحاً.

أشتَغِلُ حَتى السّاعة السادسة مَساءً.

أَصِلُ إلى الجامِعَة في السّاعَة الثّامِنة والنِّصْف.

- Use of the terms عَادَةً and أَحْيَاناً, as in:

*colleages* *or* *of my friends* *some* *of* *I meet* *sometimes*

أَحْياناً أَلْتَقي مَعَ بَعْضِ الأَصْدِقاء أَوْ الزُّمَلاء.

*usually* *on* *works* *He*

هُوَ يَعْمَل (يَشْتَغِل) عَلى الـــحاسوب عادَةً.

- Form X of the verb, as exemplified by:

*I wake up*   أَسْتَــيْقِظُ
*prefixes*

*I shower*   أَسْتَحِمُ
*prefixes*

- Verbs referring to meals:

| I eat breakfast | أَفْطِر | أَتَناوَل (وَجبَة) الفُطور |
| I eat lunch | أَتَغَدّى | أَتَناوَل (وَجبَة) الغَداء |
| I eat dinner | أَتَعَشّى | أَتَناوَل (وَجبَة) العَشاء |

- Verbal noun, or *masdar*, as an alternative to أَنْ + a
  verb, as in:

*sleeping* *Before*   *I sleep* *Before*
قبلَ النَّوم   قَبْلَ أَنْ أَنامَ

أُحِبُّ الذَّهابَ   أُحِبُّ أَنْ أَذْهَبَ
*going* *I like*

قَبْلَ أَنْ أَنامَ

*separating* *preposition*
*device,*

*no*
*translation*

# Transcripts

أروى:

*this*   *chat*   *female students*   *male students*   *my dear*

أَعِزّائي الطُّلاب والطّالِبات، نَتَحَدَّثُ في هٰذا

*which*   *daily*   *schedules*   *about*   *less*

الدَّرْس عَنِ البَرْنامَج اليَوْمِيّ، أَي ما يَفْعَلُهُ النّاس

عادَةً كُلَّ يَوْم مُنْذُ الصَّباح وحَتّى المَساء.

لِنُشاهِدْ مَعاً.

## MODEL – SEGMENT 1

أروى:

*daily*   *schedule*

ما هو بَرنامَجُكِ اليَومِيّ يا "نيكول"؟

"نيكول":

*early*   *I wake up*   *daily*

يَوْمِياً أَسْتَــيقِظ مُبَكِّراً في السّاعَة السّابعة

*breakfast*   *I eat*   *that after*   *I shower*

صَباحاً. أَسْتَحِمُّ وَبَعْدَ ذٰلِكَ آكُلُ الفُطور.

أَلْبَـــسُ،[1] وَأَسوقُ سيَّارَتي إلى العَمَل. آكُلُ الغَداء في السّاعة الواحِدة مَعَ زُمَلائي. أحْياناً، في يَوْمَي الاثْنَيْن والأَرْبِعاء، أُدَرِّسُ اللُّـــغَة العَرَبيَّة في مَعْهَد الشَّرْق الأَوْسَط بَعْد العَمَل. أَرْجِعُ إلى البيت في السّاعَة العاشِرَة <مَساءً> تَـــقْريباً وآكُلُ العَشاء، وأَحْياناً أُشاهِدُ التِّلْفاز قَبْلَ أَنْ أَنام.

---

[1] Correct form: أَلْبَسُ.

**LISTEN AND REPEAT (DVD VOCABULARY)**

◈ أَسْتَـــيقِظُ مُبَكِّراً *I wake up early*

◈ أَسْتَـــحِمُّ وبَعْدَ ذٰلِكَ آكُلُ الـــفُطور *I get dress and after that I eat breakfast*

◈ أَسوقُ سَيَّارَتي إلى الـــعَمَل *I drive my car to work*

◈ أَرْجِعُ إلى البيت *I return to the house*

◈ أُشاهِدُ التِّلْفاز قَبْلَ أَنْ أنام

أروى:

تَسْتَيْقِظُ "نيكول" مُبَكِّراً لِتَذهَبَ إلى العَمَل
وَتُشاهِدُ التِّلْفاز قَبْلَ النَّوم.

*work to to go early Nicole wakes up*
*bed before tv watches*

**MODEL DRILLS**

1. Repeat and translate into English:

أَسْتَيْقِظُ مُبَكِّراً.

أَسْتَحِمُّ.

آكُلُ الفُطور في السّاعَة الثّامِنَة.

آكُلُ الغَداء في السّاعة الواحِدة.

آكُلُ العَشاء في السّاعَة السّابِعة.

2. Based on the text, agree or disagree with each statement and provide the correct answer, if necessary.

"نيكول" تَذْهَبُ إلى العَمَل بالقِطار.

تُدَرِّسُ "نيكول" اللُّغَة الفارِسِيّة في مَعْهَد الشَّرْق الأَوْسَط.

"نيكول" لا تُشاهِدُ التِّلْفاز قَبْلَ النَّوم.

3. Answer the following questions, first orally then in writing:

فِي أَيَّةِ ساعَة تَرْجِعُ "نيكول" إلى بَيْتِها؟

ماذا تَفعَل "نيكول" قَبْلَ النَّوْم؟

ماذا تَفعَل "نيكول" بَعْدَ أَنْ تَسْتَحِمَّ؟

في أَيّة أَيّامٍ تُدَرِّسُ "نيكول" اللُّـغَة العَرَبِيَّة؟

**SEGMENT 2**

أروى:

لِنَسْتَمِع إلى مُحَمَّد.

مُحَمَّد:

عادةً أَسْتَيْقِظُ مُبَكِّراً جدّاً لأُصَلّي صَلاةَ الصُّبْح. وأَتَناوَلُ وَجْبَةَ الفُطور ثُـــمَّ أرْكَبُ القِطار إلى العَمَل. أشْتَغِلُ كَثيراً عَلى الحاسوب وأَتَناوَل الغَداءَ ظُهراً. وَبَعْدَ ذٰلِكَ أشتَغِلُ حَتّى السّاعةِ السادسةِ مَساءً ثُـــمَّ أَرْجِعُ إلى البَيْت.

**LISTEN AND REPEAT (DVD VOCABULARY)**

- أُصَلّي صَلاةَ الصُّبْح — I pray the morning prayer
- أَتناوَلُ وَجْبَةَ الــفُطور — I eat
- أَرْكَــبُ الــقِطار — I ride the tram
- أَشْتَــغِلُ كَثيراً عَلى الحاسوب — I work alot

أروى:

إِذاً، يَسْتَيْقِظُ مُحَمَّد مُبَكِّراً لِيُصَلّي صَلاةَ الصُّبْح.

## COMPREHENSION QUESTIONS

هَلْ يَذْهَبُ مُحَمَّد إلى العَمَل بالسَّيّارة أَمْ
بالقِطار؟

مَتى يَأكُلُ مُحَمَّد الغَداء؟

لِماذا يَسْتَيْقِظُ مُحَمَّد مُبَكِّراً؟

## SEGMENT 3

أروى:

لِنَسْتَمِع الآن إلى سَمير.

ماذا تَفعَل في الصَّباح قَبْلَ أنْ تَذْهَبَ إلى
عَمَلِك؟

*Important words*

سَمير:

أَسْتَيْقِظُ في الصَّباحِ السّاعَةَ السّابِعَةَ، وَأُعِدُّ

*I get up* — *morning* — *seven o'clock* — *I prepare*

الإفطارَ لي وَلابْنَتي. ثُمَّ أَصْطَحِبُها إلى مَحَطَّةِ

*I accompany her* — *my daughter?* — *for me* — *breakfast*

الباصِ لِتَذْهَبَ إلى مَدْرَسَتِها وَأَعودُ إلى البَيْتِ

*return*

وَأُجَهِّزُ نَفْسي لِلْعَمَل.

*prepare* — *myself*

## LISTEN AND REPEAT (DVD VOCABULARY)

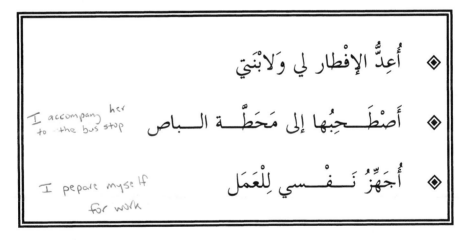

◈  أُعِدُّ الإفْطارَ لي وَلابْنَتي

◈  أَصْطَــحِبُها إلى مَحَطَّــةِ الــباص

*I accompany her to the bus stop*

◈  أُجَهِّزُ نَــفْــسي لِلْعَمَل

*I pepare myself for work*

أروى:

سَمير يَصْطَحِبُ ابْنَتَهُ كُلَّ يَوْم إلى مَحَطّة الباص
لِتَذْهَبَ إلى المَدْرَسَة.

**COMPREHENSION QUESTIONS**

في أَيَّةِ ساعَة يَسْتَيْقِظُ سَمير مِنَ النَّوم؟
ماذا يَفْعَلُ سَمير بَعْدَ أَنْ يَصْطَحِبَ ابْنَتَهُ إلى
مَحَطّة الباص؟

**SEGMENT 4**

أروى:

نَسْتَمِع الآن إلى "بول."

"بول":

أَوَّلاً، أَنا أَقومُ مِنَ النَّوْم في حَوالَيْ السّاعَة
الثّامِنَة صَباحاً. وأَسْتَحِمُّ وأَفْطِرُ ثُمَّ أَنْزِلُ

مِن البَيْت في حَوالَيْ السّاعَة التاسِعَة أو التاسِعَة والرُّبْع صَباحاً، وأَذْهَبُ إلى العَمَل فَوراً. ثُمَّ أَتَناوَلُ الغَداء مَع بَعض الزُّمَلاء والزَّميلات. بَعْدَ ذٰلِك أعودُ إلى بَيْتي. وَفي بَعض الأحْيان أذْهَب إلى السّوق لِشِراءِ الـخُضار أَو الفَواكِه أو بَعضِ الأشْياء الأُخْرَى في طَـرِيقي إلى البَيْت. ثُـمَّ في المَساء أَنا أُحِبّ أَنْ أَذْهَب إلى مَرْكَـز الرِّياضَة حَيْثُ أَلْعَب الرِّياضَة أو أَتَمرَّن، وبَعْدَ ذٰلِك أَرْجِعُ مَرَّة ثانية إلى البيت.

**LISTEN AND REPEAT (DVD VOCABULARY)**

- أَقومُ مِنَ الـــنّوم
- أَنْزِلُ مِنَ الـــبيت
- أَتـــَناوَلُ الغـــَداء مَع بَعْض الـــزُّمَلاء وَالـــزَّميلات
- أَعودُ إلى بَيْتي
- أَذْهَب إلى السّوق لِشِراء الـــخُضار أَوْ الـــفَواكِه
- أُحِبّ أنْ أَذْهَب إلى مَرْكَز الـــرِّياضَة

أروى:

يَتَناوَلُ "بول" الغَداءَ مَعَ زُمَلائِهِ عادَةً وَيَذْهَبُ إلى السُّوقِ لِشِراءِ الخُضارِ والفَواكِه أَحياناً.

### COMPREHENSION QUESTIONS

لِماذا يَذْهَبُ "بول" إلى السّوق أَحياناً؟

في أَيَّة ساعَة يَقومُ "بول" مِنَ النَّوم؟

ماذا يُحِبُّ "بول" أَنْ يَعْمَلَ في المَساء أَحياناً؟

### SEGMENT 5

أروى:

نَسْتَمِع الآن إلى خالِد.

خالد:

أَنْـــهَضُ مِنَ النَّوْمِ في السّاعَةِ السّادِسةِ والنِّـــصْفِ صَباحاً.

أُصَلّي صَلاةَ الصُّبْح ثُـــمَّ أَسْتَـــحِمُّ. أَفْطِرُ تَقْريباً في السّاعَةِ السّابعَةِ والنِّصْفِ صَباحاً. بَعْدَ ذٰلِكَ أُشاهِدُ الأَخْبار في الـــتِّلْفاز أَوْ أَقْـــرَأُها

عَلى ''الإِنْـتَـرِنت.'' أُصِلُ[2] إلى الجَامِعَةِ في السَّاعَةِ الثَّامِنةِ والـنِّصْفِ صَباحاً. أَتَـغَدَّى هُناكَ في السَّاعَة الثَّانِيَة عَشْرَة. ثُـمَّ أَعودُ إلى الـبَيْتِ في السَّاعَةِ الخَامِسَةِ والنِّصْفِ وأَلْعَبُ مَع ابني وأَتَـعشَّى مَع زَوْجَتِي.

---

[2] The verb أُصِلُ in Segment 5 represents the *waw* verbs, i.e., verbs whose root begins with the letter و. For the majority of these verbs, the و drops in the imperfect. Hence, أُصِلُ ("I arrive"; from the root و.ص.ل).

**LISTEN AND REPEAT (DVD VOCABULARY)**

- أَصِلُ إلى الجامِعَةِ
- أَتَغَدَّى في السّاعةِ الثّانيَة عَشْرَة
- أَلْعَبُ مَعَ ابْني
- أَتَعَشَّى مَعَ زَوْجَتي

أروى:

مِثْلَ مُحَمَّد، يَنْهَضُ خالِد مُبَكِّراً لِيُصَلّي صَلاةَ الصُّبحِ، وَفي المَساء يَلْعَبُ مَع ابْنِهِ الصَّغير.

### COMPREHENSION QUESTIONS

في أَيَّةِ ساعَة يَنْهَض خالِد مِنَ النَّوْم؟

ماذا يَفْعَلُ خالِد بَعْدَ أَنْ يَنْهَضَ مِنَ النَّوم؟

في أَيَّةِ ساعَة يعودُ خالِد إلى البَيْت؟

ماذا يَفْعَلُ خالِد بَعْدَ أَنْ يعودَ إلى البَيْت؟

### SEGMENT 6

أروى:

نَسْتَمِع الآن إلى رَنا.

ما هُوَ بَرْنامَجُكِ اليَوْميّ يا رَنا؟

رَنا:

أَنا أُحِبُّ العَمَل في الصَّباح ولِذلِك أَنْهَضُ
مِنَ النَّوم حَوالَيْ السّاعة الخامِسَة أَوْ السّادِسَة
صَباحاً. ثُمَّ أَذْهَب إلى العَمَل. وَتَبْدَأ

مُحاضَراتي حَوالَيْ السّاعَة العاشِرَة والنِّصْف. بَعْدَ أَوَّل مُحاضَرَة أَتَناوَل الغَداء في مَكْتَبي وَأَنْتَهي مِن العَمَل حَوالَيْ السّاعَة السّادِسة. بَرْنامَجي بَعْدَ العَمَل يَخْتَلِفُ مِن أُسْبوع إلى أُسْبوع. أَحْياناً أَلْتَقي مَعَ بَعْض الأَصْدِقاء أَوْ الزُّمَلاء لِتَناوُل العَشاء في مَطْعَم، أَوْ أَحْياناً أَعودُ إلى البَيْت لأَتَناوَل العَشاء مَع أَهْلي. قَبْلَ النَّوْم أُشاهِدُ بَعْض المُسَلْسَلات التِّلِفِزْيونِيَّة.

## LISTEN AND REPEAT (DVD VOCABULARY)

◈ أَنْهَضُ مِنَ النَّومِ حَوالَيْ السَّاعة الخامِسة أو
السَّادِسة صَباحاً

◈ بَرنامَجي يَخْتَـلِفُ مِن أُسْبوع إلى أُسْبوع

◈ أَلْـتَقي مَع بَعْضِ الأَصْدِقاء أَوْ الزُّمَلاء لِتَـناوُل
العَشاء

◈ الـمُسَلْسَلات التَّلَفِزيونيَّـة

أَرْوَى:

تَبْدَأُ رَنا مُحاضَراتَها³ في السّاعَةِ العاشِرَةِ

والنِّـــصْف صَباحاً وَتَنْتَهي حَوالَيْ السّاعَة

السّادِسَة مَساءً.

*her lecture* *Begins*

**COMPREHENSION QUESTIONS**

ماذا تَفْعَلُ رَنا قَبْلَ أَنْ تَنام؟

مَتى تَأْكُلُ رَنا الغَداء؟

مَتى تَنْتَهي رَنا مِنَ العَمَل عادَةً؟

*usually*

---

³ The correct form is مُحاضَراتِها, as the feminine sound plural ending ات takes a
*kasra* in the accusative case.

# Lesson Exercises

## A. Translate into Arabic

I wake up about 7 in the morning when my husband goes to work. I eat a simple breakfast of yoghurt and fruit, usually a banana. I take a quick shower and then sit down to work at my computer. Most days I work from home, but sometimes I go into the office if I have a meeting. I eat a sandwich for lunch, then go for a bike ride for about an hour. After that I come home and work till 7 p.m. or so. When my husband comes home, we eat dinner together.

## B. Speaking Activities

1. Using the various speakers as models, talk about your daily activities.

2. Read the following passage (not on the DVD) and be prepared to answer orally the questions that follow:

### ماذا يَفْعَل "سام"؟

"سام" شابّ أَمْريكيّ، عُمرُهُ ثَلاثونَ عاماً، يَسْكُنُ وَيَعْمَلُ في مَدينَة "واشُنْطن." هو مُدير في شَرِكة كَبيرة في مَدينة "واشُنْطن" كَذلِك.

يَنْهَضُ (يَسْتَيْقِظُ) "سام" في السّاعَة السّادِسَة صَباحاً كُلَّ يَوْم. يَذْهَبُ إلى الحَمّام وَيَسْتَحِمُّ وَيَغْسِلُ أَسْنانَهُ كُلَّ صَباح.

في السّاعَة السّابعة يَذْهَبُ "سام" إلى مَقْهَى وَيَشْرَبُ القَهْوَة، وَيَقْرَأُ جَريدَة "واشُنطُن بوست،" ثُمَّ يَذْهَبُ إلى العَمَل بالقِطار.

يُحِبُّ "سام" عَمَلَه كَثيراً، فَهوَ يَعْمَلُ (يَشْتَغِلُ) عَلى الحاسوب عادَةً، وَيَتَكَلَّمُ في الهاتِف أَحْياناً، وَيَكْتُبُ تَقْريراً كُلَّ يَوْم.

بَعْدَ العَمَل، في المَساء يَذْهَبُ "سام" إلى شَقّتِهِ الصَّغيرَة وَيَتَناوَلُ العَشاء، وَيُشاهِدُ التِّلْفاز قَليلاً ثُمَّ يَنامُ في السّاعَة العاشِرَة لَيْلاً.

مَنْ هُوَ "سام"؟

أَيْنَ يَسْكُنُ؟ وَأَيْن يَعْمَلُ؟

ماذا يَعْمَلُ؟

مَتى يَنْهَضُ صَباحاً؟

ماذا يَشْرَبُ، وَماذا يَقْرَأُ في الصَّباح؟

كَيْفَ يَذْهَبُ إلى العَمَل؟

ماذا يَفْعَلُ في العَمَل؟

مَتى يَنامُ "سام"؟

# Lesson Vocabulary

| | |
|---|---|
| sixth lesson | الدَّرْسُ السّادِس |
| my daily schedule | بَرنامَجي اليَوْميّ |
| that is to say | أَيْ |
| what people do, things that people do | ما يَفْعَلُهُ النّاس |
| from morning until evening | مُنْذُ الصَّباح وحَتّى المَساء |
| daily | يَوْمِيّاً |
| I wake up | أَسْتَيْقِظُ |
| early | مُبَكِّراً |
| I shower | أَسْتَحِمُّ |
| I eat breakfast | آكُلُ الفُطور |
| I get dressed | أَلْبَسُ |
| I drive my car to work | أَسوقُ سيَّارَتي إلى العَمَل |
| I eat lunch | آكُلُ الغَداء |
| I teach | أُدَرِّسُ |
| I return home | أَرْجِعُ إلى البَيْت |

| | |
|---|---|
| I eat dinner | آكُلُ العَشاء |
| I watch TV | أُشاهِدُ التِّلْفاز |
| I pray the morning prayer | أُصَلّي صَلاةَ الصُّبْح |
| I eat breakfast | أَتناوَل وَجْبَة الفُطور |
| I take the train to work | أَرْكَبُ القِطار إلى العَمَل |
| I work a lot on the computer | أَشْتَغِلُ كَثيراً عَلى الحاسوب |
| I eat lunch at noon | أَتناوَلُ الغَداء ظُهْراً |
| I prepare breakfast | أُعِدُّ الإفْطار |
| I accompany | أَصْطَحِبُ |
| I accompany her | أَصْطَحِبُها |
| bus stop | مَحَطّة الباص |
| I return home | أَعودُ إلى البَيْت |
| I get up (from sleep) | أَقومُ مِنَ النَّوْم |
| around | حَوالَيْ / تَكْريباً |
| I eat breakfast | أَفْطِرُ |
| I leave home | أَنْزِلُ مِن البَيْت |

| | |
|---|---|
| immediately | فَوْراً |
| I go to the market | أَذْهَبُ إلى السّوق |
| to buy, in order to buy | لِشِراءِ |
| vegetables | الخُضار |
| fruits | الفَواكِه |
| sports center | مَرْكَـز الرِّياضَة |
| I exercise | أَتَمَرَّنُ |
| second time | first time? ← مَرَّة ثانية |
| I get up (from sleep) | أَنْـهَضُ مِنَ النَّوْم |
| I watch the news on TV | أُشاهِدُ الأَخْبار في الـتِّلْفاز |
| I read the news | أَقْـرَأُ الأَخْبار |
| I arrive at the university | أَصِلُ إلى الجامِعَة |
| I eat lunch | أَتَـغَدّى |
| I play with my son | أَلْعَبُ مَعَ ابْني |
| I eat dinner with my wife | أَتَـعَشّى مَعَ زَوْجَتي |
| my lectures begin at | تَـبْدَأُ مُحاضَراتي في |

I finish working

differs from week to week

my family

TV series

أَنْتَــهِي مِنَ العَمَل

يَخْتَــلِفُ مِنْ أُسْبوع إلى أُسْبوع

أَهْـــلي ← my close people

المُسَلْسَلات التَّلِفِزْيونيَّة

الحَرْب الأَهلي ← civil war

· Time
· Imperfect tense

· Practice perfect &
  imperfect pre/suffixes

# الدَّرْسُ السّابِع — عُطْلَةُ نِهايَةِ الأُسْبوع

## Grammatical Features

- Use of the verb يَقومُ ب. For example:

يَقومُ بِنَشاطات مُخْتَلِفَة

نَقوم بِبِناء مَدْرَسَة جَديدَة

activities

يقوم + ب

w/ب → undertakes

اقوم → wake up

- Conjugation of the Form I defective
  verb قَضَى ("to spend," e.g., time).

  ي ← ك

| Imperfect | Perfect | Pronoun |
|---|---|---|
| أَقْضِي | قَضَيْتُ | أَنا |
| تَقْضِي | قَضَيْتَ | أَنْتَ |
| تَقْضِينَ | قَضَيْتِ | أَنْتِ |
| يَقْضِي | قَضَى | هُوَ |
| تَقْضِي | قَضَتْ | هِيَ |
| تَقْضِيانِ | قَضَيْتُما | أَنْتُما (m. / f.) |
| يَقْضِيانِ | قَضَيا | هُما (m.) |
| تَقْضِيانِ | قَضَتا | هُما (f.) |
| نَقْضِي | قَضَيْنا | نَحْنُ |
| تَقْضُونَ | قَضَيْتُم | أَنْتُم |
| تَقْضِينَ | قَضَيْتُنَّ | أَنْتُنَّ |
| يَقْضُونَ | قَضَوْا | هُمْ |
| يَقْضِينَ | قَضَيْنَ | هُنَّ |

- Conjugation of the Form V verb أَتَسَوَّقُ ("to shop, usually in the market [السُّوق]").

| Imperfect | Perfect | Pronoun |
|---|---|---|
| أَتَسَوَّقُ | تَسَوَّقْتُ | أَنا |
| تَتَسَوَّقُ | تَسَوَّقْتَ | أَنْتَ |
| تَتَسَوَّقِينَ | تَسَوَّقْتِ | أَنْتِ |
| يَتَسَوَّقُ | تَسَوَّقَ | هُوَ |
| تَتَسَوَّقُ | تَسَوَّقَتْ | هِيَ |
| تَتَسَوَّقانِ | تَسَوَّقْتُما | أَنْتُما (*m. / f*) |
| يَتَسَوَّقانِ | تَسَوَّقا | هُما (*m.*) |
| تَتَسَوَّقانِ | تَسَوَّقَتا | هُما (*f.*) |
| نَتَسَوَّقُ | تَسَوَّقْنا | نَحْنُ |
| تَتَسَوَّقونَ | تَسَوَّقْتُمْ | أَنْتُمْ |
| تَتَسَوَّقْنَ | تَسَوَّقْتُنَّ | أَنْتُنَّ |
| يَتَسَوَّقونَ | تَسَوَّقوا | هُمْ |
| يَتَسَوَّقْنَ | تَسَوَّقْنَ | هُنَّ |

# Transcripts

أروى:

أَعِزّائي الطُّلاب والطّالِبات، مُعْظَم النّاس

لا يَعْمَلونَ في عُطْلَة نهايَةِ الأُسْبوع،

لكِنَّهُم يَقومونَ بِنَشاطاتٍ مُخْتَلِفة

وَمُتَنَوِّعَة.

فَلْنَسْتَمِعْ إلى حَنّا وَمُحَمَّد وَسَمير لِنَعْرِف

كَيْفَ يَقْضون عُطْلَة نِهايَةِ الأُسْبوع.

**Model – Segment 1**

أروى:

ما هِيَ نشاطاتُكِ في عُطْلَة نِهايَةِ الأُسْبوع؟

حَنّا:

في نِهايَة الأُسْبوع أنا أَرْتاح. وَأحياناً

نَذْهَب إلى وادي القَرْن بجوارنا مَعَ الأَصْدِقاء.
وأَحْياناً أُخْرَى رُبَّما نَذْهَب إلى السِّباحَة في
البَحر.

**LISTEN AND REPEAT (DVD VOCABULARY)**

- أرْتاح
- وادي الْقَـرن بِـجِـوارِنا
- نَذْهَب إلى السِّباحة في البَحر

أروى:

في عُطْلَة نهايَة الأُسْبوع يَسْتَريحُ حَنّا لأَنَّهُ يَعْمَلُ
كُلَّ الأُسْبوع.

**MODEL DRILLS**

1. Repeat and translate into English:

عُطْلَة

عُطْلَة نِهايَة الأُسْبوع

أَذْهَبُ مَعَ الأَصْدِقاء.

أَسْبَحُ في البَحر.

أُحِبُّ السِّباحَة في البَحر.

2. Based on the text, agree or disagree with each statement and provide the correct answer, if necessary.

في عُطْلَة نِهايَة الأُسْبوع حَنّا لا يَسْتَريحُ.

أحياناً يَذْهَبُ حَنّا إلى السِّباحَة في البَحر.

يَذْهَبُ حَنّا إلى وادي القَرْن مَعَ زَوْجَتِه.

3. Answer the following questions, first orally then in
writing:

لِماذا يَسْتَريحُ حَنّا في عُطْلَة نهايَة الأُسْبوع؟

أَيْنَ يَذْهَبُ حَنّا أَحْياناً مَعَ أَصْدِقائِهِ في عُطْلَة نهايَة
الأُسْبوع؟

إلى أَيْنَ يذهَبُ حَنّا أيضاً في عُطْلَة نهايَة الأُسْبوع؟

**SEGMENT 2**

أروى:

لِنَسْتَمِع الآن إلى مُحَمَّد.

كَـيْفَ تَــقْضي عُطْلَة نِهايَة الأُسْبوع يا
مُحَمَّد؟

مُحَمَّد:

عُطْلَة نِهايَة الأُسْبوع في أمريكا يا أروى

هي يَوْمَي[1] السَّبْت وَالأَحَد. عادةً
أَسْتَـــريحُ خِلال هٰذِهِ العُطْلَة وأُحاوِلُ أنْ
أَتسَوَّق وَأَذْهَبُ إلى المَتاحِف وإلى المَطاعِم.
وَفي بَعْضِ الأَحْيان أَذْهَبُ أَنا وَزَوْجَتي إلى
زِيارَة الأَقارِب في المُدُن المُجاوِرة.

**LISTEN AND REPEAT (DVD VOCABULARY)**

- أَسْتَـــريحُ خِلال هٰذِهِ الــعُطْــلَــة
- أَتَــسَوَّق
- المُدُن الـــمُجاوِرة

[1] It should be يَوْما (nominative case) here since it is the predicate.

أروى:

فِي عُطْلَة نِهايَة الأُسْبوع مُحَمَّد يَتَسَوَّقُ وَيَذْهَبُ مَع زَوْجَتِهِ لِزِيارَة الأقارِب.

**COMPREHENSION QUESTIONS**

ماذا يَقولُ مُحَمَّد عَنْ يَوْمَيْ السَّبْت وَالأَحَد؟

لِماذا يَذْهَبُ مُحَمَّد إلى المُدُن المُجاوِرَة في عُطْلَة نِهايَة الأُسْبوع؟

مَنْ يَذْهَبُ مَعَهُ إلى المُدُن المُجاوِرَة؟

ماذا يَفعَلُ مُحَمَّد أيضاً في عُطْلَة نِهايَة الأُسْبوع؟

**SEGMENT 3**

أروى:

لِنَسْتَمِعْ مَعاً إلى سَمير.

ماذا تَـــفْعَل في عُطْلَة نِهايَة الأُسْبوع عادَةً؟

سَمير:

عادةً أَخْرُجُ مَعَ ابْنَـــتي للـــتَّنَزُّه أو مُشاهَدَة بَعْض العُروض المَسرَحيَّة أَوْ الموسيقيّة. وأيضاً أخْرُجُ مَعَ أصْدِقائي وَنَتَــسامَر وَنَــتَــبادَل الأَحاديث.

## LISTEN AND REPEAT (DVD VOCABULARY)

- أَخْرُجُ مَعَ ابْنَتي لِلتَّنَزُّه
- مُشاهَدَة بَعض العُروضِ المَسرَحيَّة أو الموسيقيَّة
- أَخْرُجُ مَعَ أَصْدِقائي
- نَتَسامَر

## COMPREHENSION QUESTIONS

لِماذا يَخْرُجُ سَمير مَعَ ابْنَتِهِ في عُطْلَة نِهايَة الأُسْبوع؟

ماذا يَفْعَل سَمير مَعَ أَصْدِقائِهِ في عُطْلَة نِهايَة الأُسْبوع؟

## SEGMENT 4 (بالعاميِّة)

أروى:

أعِزّائي الطُّلاب

والطّالِبات، في

عُطْلَةِ نهايَة

الأُسْبوع يَلْتَقي الأصْدِقاءُ معاً لِقَضاءِ أَوْقاتٍ

مُمْتِعَة.

في هٰذِهِ المُكالَمَة الهاتِفِيَّة يَدورُ حِوار بَيْنَ

صَديقَتَين لِترتيب لِقاءٍ بَيْنَهُما. و هٰذِهِ المُكالَمَة

الهاتِفِيَّة بالعامِّيّة، لِنَسْتَمِعْ معاً.

وَسَن:

ألو، السَّلامُ عَلَيْكُم.

أروى:

وعَلَيْكُمُ السَّلام.

وَسَن:

شْلونِتش عيني؟

أروى:

الحَمْدُ لله، أَهْلاً وَسَن.

وَسَن:

حبيبتي أني حَبّيت أَشُكْرِتْش على دَعْوَتِتْش إلي اليوم علْحَفْلِة ، بَس العِنْوان مو واضِح عِندي. يَعْني حابّة لو تْفَسّريلي العِنوان أكْثَر.

أروى:

اينَعَم. إنْتِ مَعِك سَيّارَة؟

وَسَن:

اينَعَم، معي سَيّارة وْرَح آجي إن شا الله بالسيّارَة.

أروى:

وين إنْتِ هَلَّأ؟

وَسَن:

أني هِسّا بالدَّوار السّادِس بعَمّان.

أروى:

بِالدَّوار السّادِس، طَيِّب. خُدي أوَّل شارِع على اليَمين وبعدين سوقي حَوالي كيلومِتر واحد.

وْبَعد الدَّوار الخامِس خُدي تاني شارِع على اليَسار، اِسْم الشّارِع اِبن خَلدون وْسوقي فيه

على طول لِخَمِس دَقايق تَقريباً وبْتِصَلي لَعِنْواني. رَقْم البيت ٧٥ بِيكون على اليَسار.

وَسَن:

نَعَم، شُكْراً جَزيلاً. إن شاءَ الله نْشوفِتْش، رَح أكون إن شاءَ الله على المَوعِد المُحَدَّد السّاعة سَبْعَة مَساء تَقريباً.

أروى:

أَنا بِانْتِظارِك يا صَديقي. إِنْتِ بِتْنَوِّرينا بِزْيارْتِك.

وَسَن:

ألف شُكِر، بِنْشوفِتْش إن شاءَ الله.

أروى:

الله مَعِك، مع السّلامَة.

وَسَن:

مع السّلامَة.

**COMPREHENSION QUESTIONS**

لِماذا اتَّصَلَت وَسَن بِأروى؟

أيْنَ كانَتْ وَسَن عِنْدَما اتَّصَلَت بِأروى؟

ما هُوَ عُنوانُ أروى؟

هَل كانَت مَعَ وَسَن سَيّارَة؟

ما هُوَ المَوْعِد المُحَدَّد لِلْحَفْلَة؟

## Lesson Exercises

### A. TRANSLATE INTO ARABIC

On the weekend I usually wake up late, around nine a.m. Then I go to have coffee with my friends at Borders Bookstore. Sometimes I do some shopping before I return home. I return home around noon and rest for about an hour. Then I go out with my husband for a bike ride.

On Sunday we go to church and sometimes we go for a walk along the river, or we meet friends for dinner. In the evening my husband watches TV, especially sports, such as basketball or soccer. I call my father and my sisters on the telephone because they live far away. Then I read. Sometimes I have to work on the weekends, but not very often.

## B. Speaking Activities

1. Using the various speakers as models, describe how you usually spend your weekend.

2. You are invited to a party but are not sure how to get there. Call and ask for directions to the location of the party. Use the phrases in Segment 4 as a guide.

3. The Arabic term عُطْلَة has the meaning of "holiday," "break," "vacation," etc. Thus we say: عُطْلَة الصَّيْف (summer vacation), عُطْلَة الرّبيع (spring break), etc.

   After each break during the term, teachers and students can pursue a dialogue, using the following questions as a guide.

كَيْفَ كانَت عُطْلَة الرّبيع؟

كَيْفَ كانَت عُطْلَة الصَّيْف؟

هَلْ سافَرْتَ خِلال هٰذِهِ العُطْلَة أم بَقِيْتَ هُنا؟

إذا كانَ الجَواب: "بَقِيْتُ هُنا،" فَلِماذا بَقِيْتَ

هُنا؟

إذا كُنْتَ قَد سافَرْتَ، فاشرَح / ي:

- إلى أَيْنَ سافَرْتَ؟

- كَيْفَ سافَرْتَ؟ (بالطَّائِرَة، بالسَّيَّارَة،
بالقِطار، بالسَّفينة)

- مَعَ مَن سافَرْتَ؟

مَعَ مَنْ قَضَيْتَ العُطْلَة؟ (مَعَ العائِلَة، مَعَ
الأصدِقاء، إلخ.)

ما هِيَ النَّشاطات الَّتي قُمتَ بها خِلال هٰذِهِ
العُطْلَة؟ (سِباحَة، سَفَر، قِراءة، زِيارَة الأَصْدِقاء
والأَقارِب، تَسَوُّق، إلخ.)

## Lesson Vocabulary

| | |
|---|---|
| most people | مُعْظَم النّاس |
| the weekend holiday | عُطْلَة نِهايَةِ الأُسْبوع |
| to undertake, carry out | يَقومُ – يَقومونَ (ب) |
| they undertake activities | يَقومونَ بِنَشاطاتٍ |
| different and diverse (*f.*) | مُخْتَلِفَة وَمُتَنَوِّعَة |
| to spend (time) | يَقْضي – يَقْضونَ (وَقْتاً) |
| they spend the weekend holiday | يَقْضونَ عُطْلَة نِهايَةِ الأُسْبوع |
| I relax | أَرْتاحُ |
| next to us; in our neighborhood | بِجِوارِنا |
| (at) other times | أَحْياناً أُخْرى |
| perhaps | رُبَّما |
| I rest | أَسْتَـــريحُ |
| during | خِلال |
| I try, attempt | أُحاوِلُ |
| I shop | أَتَسَوَّقُ |

| museum | مَتْحَف، مَتاحِف ا |
| restaurant | مَطْعَم، مَطاعِم ا |
| a visit; visiting | زِيارَة ا |
| neighboring cities | المُدُن المُجاوِرة ا |
| Let's listen together | لِنَسْتَمِعْ مَعاً |
| I go for a walk with my daughter | أَخْرُجُ مَعَ ابْنَتي للـتَّنَزُّه |
| watching | مُشاهَدَة ا |
| show | عَرْض، عُروض ا |
| theater or musical shows | العُروض المَسرَحِيَّة أَوْ الموسيقيَّة |
| We spend time in pleasant conversation | نَتَسامَرُ |
| We converse (literally, we exchange conversations) | نَتَبادَلُ الأَحاديث |

# Supplementary Colloquial Vocabulary for Segment 4

| English | MSA | العامِّيّة |
|---|---|---|
| I; I am | أَنا | أَني |
| I thank you (*f. sing.*) for your invitation | أشْكُرُكِ على دَعْوَتِكِ | أَشُكْرِتْش على دَعِوْتِتْش |
| to the party | إلى الحَفْلَة | علْحَفْلِة |
| however; but | لكِن | بَس |
| (it is) not clear | لَيس واضِحاً | مو واضِح |
| yes | نَعَم | اينَعَم |
| I will come | سَآتي/سَأَجيءُ | رَح آجي |
| Where are you (*f. sing.*) now? | أينَ أَنْتِ الآنَ؟ | وين إنْتِ هَلَّأ؟ |
| now I am ... | أنا الآنَ | أني هِسّا |
| okay, take (*f. sing.*)... | نَعَم، خُذي | طَيِّب، خُذي |
| straight ahead | إلى الأمام | على طول |
| will be on your left | يَكون على اليَسار | بِيكون على اليَسار |

| English | MSA | العامِّيّة |
| --- | --- | --- |
| We will see you (*f. sing.*) | نَراكِ | نْشوفِتْش |
| I will be | سَأَكون | رَح أكون |

# الدَّرْسُ الثّامِن — لَوازِم وَاحْتِياجات

## Grammatical Features

- The expression مِنْ مُدَّةٍ إلى مُدَّة ("from time to time").
- Use of the question particle كَمْ, as in:

| | |
|---|---|
| Segment 2 | كَمْ سِعْر الدّولار؟ |
| Segment 2 | كَمْ مَعَكِ مِنَ النُّقود؟ |

- The لِ of purpose,[1] as in:

| | |
|---|---|
| Narrator's introduction | نَذْهَبُ إِلَيْها لِقَضاءِ بَعْضِ الاحْتِياجات |
| Lesson 1, Segment 1 | سافَـــرْتُ إلى مِصْر لِدِراسَة اللُّـــغَة الْـــعَرَبِيَّة |

- The future tense indicated by the letter س attached to a present tense verb, as in:

| | |
|---|---|
| Segment 1 | سَأَكْتُبُ لَكِ فاتورَة |
| Segment 1 | سَتَكون المَلابِس جاهِزَة بَعْدَ يَوْمَيْن |
| Segment 3 | سَأُدْخِل المَعْلومات في جِهاز الحاسوب |

- Use of exclamations, as in:

| | |
|---|---|
| Segment 5 | ما أَجْمَلَ[2] هٰذا الفُنْدُق! |

---

[1] لِ to express "in order to" or "for the purpose of." Best translated with the infinitive, i.e., "I traveled to Egypt (in order) to study."

[2] The particle ما when followed by the form أفْعَلَ (derived from an adjective, here, جَميل) expresses admiration for or amazement at something. In this example, "How beautiful this hotel is!"

# Transcripts

أروى:

في هٰذا الدَّرس، أَعِزّائي الطُّلاب والطّالِبات، نَأْخُذُكُم في جولَةٍ إلى أَماكِن مُخْتَلِفَة نَذْهَبُ إلَيْها مِنْ مُدَّةٍ إلى مُدَّة لِقَضاءِ بَعْضِ الاحْتِياجات.

مَثَلاً، نَذْهَبُ أحياناً إلى الصَّيْدَلِيَّة لِشِراءِ عِلاجٍ أَوْ دَواء. وَنَذْهَبُ أحياناً إلى وكالَة السَّفَر لِشِراءِ تَذْكَرَةِ سَفَر. وَنَذْهَبُ أَيْضاً إلى المَصْبَغَة لِتَنْظيفِ وَكَيِّ المَلابِس.

**SEGMENT 1**

في المَصْبَغة

أروى:

مَرْحَباً.

العامِل:

أَهْلاً

وَسَهْلاً.

أروى:

أُريد تَنْظيف وَكَوي هٰذِهِ المَلابِس لَوْ سَمَحْت.

العامِل:

حَسَناً.

أروى:

هٰذا القَميص يَحْتاج لِتَنْظيف وَكَوي وَأَيْضاً

البَنْطَلون.

كَم سِعْر التَّنْظيف والكَوي لَوْ سَمَحْت؟

العامِل:

سِعْرُها خَمْسَةُ دَنانير.

أروى:

نَعَم. تَفَضَّل.

العامِل:

شُكْراً، سَأَكْتُبُ لَكِ فاتورَة.

تَفَضَّلي، سَتَكون المَلابِس جاهِزَة بَعْدَ يَوْمَيْن.

أروى:

شُكْراً لَكَ.

العامِل:

شُكْراً لَكِ.

أروى:

May God give you the strength.

الله يَعْطيك العافْيَة.

العامِل:

الله يِعافيكِ.

أروى:

good bye

مَع السَّلامَة.

**LISTEN AND REPEAT (DVD VOCABULARY)**

- ◈ أُريد تَنْظيف وكَوي هٰذِهِ المَلابِس لَوْ سَمَحْت
- ◈ سَأَكْتُبُ لَكِ فاتورَة
- ◈ سَتَكون المَلابِس جاهِزَة بَعْدَ يَوْمَيْن
- ◈ الله يَعْطيك العافْيَة
- ◈ الله يِعافيكِ

**SEGMENT 2**

# عِنْدَ الصَّرّاف

أروى:

لَوْ سَمَحْت، هَلْ تَعْرِف أَيْنَ مَحَلّ الصِّرافَة؟

رجل:

the left to there

نَعَم، هُناكَ إلى اليَسار.

Straight – دُغْري

right – يُمين

left – يَسار

go back – إلى الوراء

أروى:

شُكْراً لَك.

رجل:

عَفْواً.

أروى:

مَرْحَباً.

الصَّرّاف:

أَهْلاً وَسَهْلاً، تَفَضَّلي بالجُلوس.

أروى:

شُكْراً.

الصَّرّاف:

عَفْواً ، تَفَضَّلي.

أروى:

شُكْراً لَك.

الصَّرّاف:

عَفْواً.

أروى:

كَمْ سِعْر الدّولار لَوْ سَمَحْت؟

الصَّرّاف:

سِعْرُ الدّولار سَبْعُمئة وَثَمانية فِلْسات. كَمْ مَعَكِ مِنَ النُّقود؟

أروى:

مَعي مِئَة وأَرْبَعونَ دولاراً أمْريكيّاً. تَفَضَّل.

الصَّرّاف:

شُكْراً . تَفَضَّلي، إِنَّها تِسْعَةٌ وَتسْعونَ ديناراً. تَفَضَّلي، تِسْعٌ وَتسْعونَ ديناراً.

أروى:

نَعَم، إِنَّها تِسْعٌ وَتِسعونَ ديناراً أُرْدُنِيّاً. شُكْراً جَزيلاً.

الصَّرّاف:

عَفْواً، مَعَ السَّلامَة.

أروى:

مَعَ السَّلامَة.

**LISTEN AND REPEAT (DVD VOCABULARY)**

- كَمْ سِعْر الدّولار لَوْ سَمَحْت؟
- كَمْ مَعَكِ مِنَ النُّقود؟

**SEGMENT 3**

# في الصَّيْدَلِيَّة

أروى:

مَرْحَباً.

الصَّيْدَليّ: _pharmacist_

أَهْلاً وَسَهْلاً.

أروى:

_prescription_

أُريد شِراء دَواء وَهٰذِهِ الوَصْفَة الطِّــــبِّيَّة مِنْ
طَبيبي. _my doctor_

الصَّيْدَليّ:

حَسَناً. هٰذا هُوَ العِلاج. بالنِّسْبَةِ لِلْعِلاجِ الأَوَّل،
تَأْخُذي مِنْهُ حَبّة واحِدَة قَبْلَ الفُطور.

أروى:

نَعَم.

الصَّيْدَليّ:

أَمّا بالنِّسْبَة لِلْعِلاج الثّاني، فَتَأْخُذي مِنْهُ حَبَّة واحِدَة بَعْدَ وَجْبَة الفُطور وَحَبَّة أُخْرى بَعْدَ وَجْبَة العَشاء.

أروى:

نَعَم.

الصَّيْدَليّ:

حَسَناً، سَأُدْخِل المَعْلومات في جِهاز الحاسوب.

أروى:

دُكْتور، عِنْدي صُداع، وَأُريدُ دَواء لَوْ سَمَحْت.

الصَّيْدَلِيّ:

هٰذا عِلاجُ لأَلَم الصُّداع، تَأْخُذي مِنْهُ حَبَّتَيْن عِنْدَ اللُّزوم.

أروى:

نَعَم. كَمْ ثَمَن الدَّواء؟

الصَّيْدَلِيّ:

عِشرونَ ديناراً مِنْ فَضْلِك.

أروى:

نَعَم. تْفَضَّل.

الصَّيْدَلِيّ:

تَفَضَّلي. سَلامَتُكِ.

أروى:

الله يِسَلّمَك. شُكْراً.

الصَّيْدَليّ:

أَهْلاً وَسَهْلاً.

**LISTEN AND REPEAT (DVD VOCABULARY)**

- أُريد شِراء دَواء
- وهٰذِهِ الوَصْفَة الطِّبِّيَّة مِنْ طَبيبي
- هٰذا هُوَ العِلاج
- سَأُدْخِل المَعْلومات في جِهاز الحاسوب
- تَأْخُذي مِنْهُ حَبَّتَيْن عِنْدَ اللُّزوم
- كَمْ ثَمَن الدَّواء؟
- تَفَضَّلي. سَلامَتُكِ
- الله يِسَلّمَك. شُكْراً

**SEGMENT 4**

# التّاكسي

أروى:

تاكسي. مَرْحَباً.

السَّائِق:

مَرْحَباً سَيِّدَتي.

*my lady*

أروى:

هَلْ أَنْتَ جاهِز؟

*ready*

السَّائِق:

نَعَم، إلى أَيْنَ تُريدين أَنْ تَذْهَبي؟

*want* *do you* *where to*

أروى:

سَأذْهَب إلى فُنْدُق القُدْس في شارِع نابِلِس.
هَلْ تَعْرِفُهُ؟

*or Jerusalem hotel* *I will go* *Do you know it*

السّائِق:

نَعَم أَعْرِفُهُ، إِنَّهُ بِقُرْب باب العَمود.

أروى:

نَعَم، حَسَناً.

السّائِق:

حَسَناً، سَأَضَع لَكِ الحَقيبَة في الصَّنْدوق.

أروى:

شُكْراً لَكَ. كَمْ تُريد؟

السّائِق:

سِتّ دولارات.

أروى:

أَلَيْسَ هٰذا كَثيراً؟

السّائِق:

كَلّا، إِنَّهُ السِّعْر المُتعارَف عَلَيْهِ رَسْمِيّاً. حَسَناً؟

أروى:

حَسَناً.

السّائِق:

حَسَناً، تَفَضَّلي.

أروى:

دَعْنا نَذْهَبْ!

شُكْراً لَكَ.

**LISTEN AND REPEAT (DVD VOCABULARY)**

- تاكسي
- هَلْ أَنْتَ جاهِز؟
- نَعَم، إلى أَيْنَ تُريدين أَنْ تَذْهَبي؟

I will put your bag in the trunk

- سَأَضَع لَكِ الحَقيبَة في الصَّنْدوق
- شُكْراً لَك. كَمْ تُريد؟
- أَلَيْسَ هٰذا كَثيراً؟

No, this is the standard recognized price.

- كَلّا، إِنَّهُ السِّعْر المُتعارَف عَلَيْهِ رَسْمِيّاً
- تَفَضَّلي
- دَعْنا نَذْهَبْ!

**SEGMENT 5**

في الفُنْدُق

أروى:

ما أَجْمَل هٰذا الفُنْدُق مِنَ الخارِج، إنَّهُ جَميل جدّاً!

صَباح الخَيْر.

الْمُوَظَّفَة:

صَباح النّور، كَيْفَ حالُك؟

أروى:

بِخَيْر، شكراً.

*Handwritten annotations:*
- p.172
- superlative lو = phrase of admiration
- How beautiful this (over ما أَجْمَل هٰذا)
- from hotel (over الفُنْدُق مِنَ)
- beautiful it's the outside (over الخارِج، إنَّهُ جَميل)
- very (over جدّاً)

المُوَظَّفَة:

هَلْ كانَت الرِّحْلَة طَويلَة؟

أروى:

نَعَم، كانَت الرَّحلة طَويلَة لكِنَّها جَميلَة. هَلْ عِنْدَكُم غُرْفَة لي؟

المُوَظَّفَة:

نَعَم، لَدَيْنا غُرْفَة فارِغَة.

أروى:

أُريدُ غُرْفَة لِمُدَّة شَهْر.

المُوَظَّفَة:

هَلْ لَديْكِ أَمْتِعَة؟

أروى:

نَعَم، هاتانِ الحَقيبَتان.

كَمْ الأُجْرَة في اللَّيْلَة؟

المُوَظَّفَة:

مِئة وَسِتّون دولاراً.

أروى:

نَعَم. وَهَلْ يَتَضَمَّن الفُطور؟

المُوَظَّفَة:

نَعَم، وَالخِدْمة كَذٰلِك.

هَلْ أَسْتَطيع الحُصول عَلى مَعْلوماتِك؟

أروى:

نَعَم. هٰذا هُوَ جَواز سَفَري، وَسَأَدْفَع أُجْرَة الغُرْفَة بِواسِطَة بِطاقَة الائتِمان "فيزا."

الْمُوَظَّفَة:

شُكْراً.

هٰذا هُوَ مُفْتاح[3] الغُرْفَة. رَقَم غُرْفَتِكِ عِشرون في
الطّابِق الثاني.

أروى:

نَعَم شُكْراً.

الْمُوَظَّفَة:

تَفَضَّلي!

أروى:

هٰذا الفُنْدُق جَميل جدّاً وَفيهِ الطّابِع الشَّرْقيّ،
وَخُصوصاً الطّابِع الفِلِسْطينيّ.

---

[3] Grammatically, مِفْتاح, the prefix مِ indicating a name of instrument, as in مِنْشار (saw), مِصْباح (lamp), etc.

المُوَظَّفَة:

نَعَم. هَلْ تُعْجِبُكِ الغُرْفَة؟

أروى:

نَعَم، إِنَّها جَميلَة جِدًّا. أَيْنَ الحَمّام؟

المُوَظَّفَة:

هُنا الحَمّام وَفيهِ صابون وَمَناشِف وَكُلُّ ما تَحْتاجينَ إِلَيْه.

أروى:

جَيِّد.

المُوَظَّفَة:

هَلْ تَحْتاجينَ إِلى شَيْءٍ آخَر؟

أروى:

لا، شُكراً.

الْمُوَظَّفَة:

an enjoyable stay you I wish

أَتَمَنّى لَكِ إقامَة مُمْتِعَة.

أروى:

شُكْراً جَزيلاً لَكِ.

الْمُوَظَّفَة:

أَهْلاً وَسَهْلاً.

أروى:

مَعَ السَّلامَة.

**LISTEN AND REPEAT (DVD VOCABULARY)**

- ما أَجْمَلَ هٰذا الفُنْدُق مِنَ الخارِج، إنَّهُ جَميل جِدّاً!
- هَلْ كانَت الرِّحْلَة طَويلَة؟
- هَلْ عِنْدَكُم غُرْفَة لي؟
- أُريدُ غُرْفَة لِمُدَّة شَهْر
- هَلْ لَدَيْكِ أَمْتِعَة؟
- نَعَم، هاتانِ الحَقيبَتان
- هَلْ أَسْتَطيع الحُصول عَلى مَعْلوماتِك؟
- نَعَم، هٰذا هُوَ جَواز سَفَري

- وَسَأَدْفَع أُجْرَة الغُرْفَة بِواسِطَة بِطاقَة الائْتِمان "فيزا"
- هٰذا هُوَ مُفْتاح الغُرْفَة
- رَقَم غُرْفَتِكِ عِشرون في الطّابِق الثّاني
- هَلْ تُعْجِبُكِ الغُرْفَة؟
- أَيْنَ الحَمّام؟
- هُنا الحَمّام وَفيهِ صابون وَمَناشِف
- أَتَمَنّى لَكِ إقامَة مُمْتِعَة

**SEGMENT 6**

Travel Office

<h1 dir="rtl">في مَكْتَب السِّياحَة</h1>

أروى:

مَرْحَباً.

وَكيل السَّفَر:

أَهْلاً وَسَهْلاً ،

تَفَضَّلي.

أروى:

travel ticket to buy

شُكْراً. أُريد شِراء تَذْكَرَة سَفَر إلى الوِلايات

المُتَّحِدة الأَمْريكِيَّة.

وَكيل السَّفَر:

Do you have to Visa

هَلْ لَدَيْكِ تَأْشيرة سَفَر إلى الوِلايات المُتَّحِدة

الأَمْريكِيَّة؟

عِنْدَ ← عِنْدَك

لَدَى لَدَيْكِ

ل لَكِ

أروى:

لا، وَلكِنْ عِنْدي جَواز سَفَر أمْريكيّ.

وَكيل السَّفَر:

إلى أيِّ (=أيَّةِ) مَدينَة تَوَدّينَ السَّفَر ؟

أروى:

أُريد السَّفَر إلى مَدينَة "نيويورك."

وَكيل السَّفَر:

مَتى تُريدينَ السَّفَر؟

أروى:

أُريد السَّفَر بَعْدَ أُسْبوعَيْن.

وَكيل السَّفَر:

هَلْ تُريدينَ التَّذْكَرَة ذِهاباً[4] وَإياباً أَمْ ذِهاباً فَقَط؟

أروى:

أُريدُ التَّذْكَرَة ذِهاباً فَقَط.

وَكيل السَّفَر:

أَيَّ خُطوط جَوِّيَّة تُريدين؟

أروى:

أُريد الخُطوط الجَوِّيَّة المَلَكِيَّة الأُرْدُنِيَّة.

كَمْ سِعْر التَّذْكَرَة؟

وَكيل السَّفَر:

سِعْر تَذْكَرَة السَّفَر ذِهاباً أَرْبَعمِئَة دينار أُرْدُنِيّ.

[4] It should be ذَهاباً rather than ذِهاباً.

أروى:

حَسَناً، سَأَشْتَري التَّذْكَرَة.

وَكيل السَّفَر:

أُريد الاسِم كَما هُوَ مَوْجود في جَواز السَّفَر.

أروى:

نَعَم، سَأُعْطيكَ هَوِيَّتي وَالمَعلومات في هَوِيَّتي

نَفس المَعْلومات المَوْجودَة في جَواز السَّفَر،

تْفَضَّل.

وَكيل السَّفَر:

شُكْراً. تَفَضَّلي. هٰذِهِ هِيَ التَّذْكَرَة وَالبِطاقَة.

أروى:

نَعَم. سَأَدْفَع سِعْر التَّذْكَرَة بِبِطاقَة الاعْتِماد

"فيزا."

وَكيل السَّفَر:

تَفَضَّلي، شُكْراً.

أروى:

شُكْراً لَك. شكراً لَكَ.

وَكيل السَّفَر:

أَهْلاً وَسَهْلاً. أَتَمَنَّى لَكِ رِحْلَة مُوَفَّقَة.

أروى:

شُكْراً.

وَكيل السَّفَر:

في أَمانِ الله.

**LISTEN AND REPEAT (DVD VOCABULARY)**

- أُريد شِراء تَذْكَرَة سَفَر
- هَلْ لَدَيْكِ تَأْشيرَة سَفَر؟
- لا، وَلَكِنْ عِنْدي جَواز سَفَر أمْريكيّ
- أُريد السَّفَر إلى مَدينَة "نيويورك"
- هَلْ تُريدينَ التَّذْكَرَة ذِهاباً وَإياباً أَمْ ذِهاباً فَقَط؟
- أُريد التَّذْكَرَة ذِهاباً فَقَط
- كَمْ سِعْر التَّذْكَرَة؟
- أُريد الاسِم كَما هُوَ مَوْجود في جَواز السَّفَر
- سَأَدْفَع سِعْر التَّذْكَرَة بِبطاقَة الاعْتِماد "فيزا"
- أَتَمَنَّى لَكِ رِحْلَة مُوَفَّقَة
- في أَمانِ الله

أروى:

طُلّابي الأَعِزّاء، أَطْلُبُ مِنْكُمُ الآن أنْ تَتَحَدَّثوا مَع بَعْضِكُم البَعض عَن شِراءِ تَذْكَرَةِ سَفَر مِنَ القاهِرَة إلى "سان فرانسيسكو."

**SEGMENT 7** (بالعامِّيّة)

# اِسْتِئْجار غُرفَة أَوْ شَقَّة

صاحِب الشَّقّة:

هلو.

الطّالِبَة:

ألو، مَرْحَباً.

صاحِب الشَّقّة:

مَرْحَبْتين، أَهْلاً.

الطّالِبَة:

أنا طالْبِة جْديدِة هون وْبِدّي أَسْتَأْجِر غُرْفِة قَريبة[5] مِن جامِعَة القُدس. في عِنْدَك غُرْفِة مَع حَمّام وْمَطْبَخ؟

---

[5] We preserve the *qaf* orthographically, although in certain dialects it is pronounced as a *hamza*, as is the case here.

صَاحِب الشَّقَّة:

أَوَّلاً، أَهْلا وْسَهْلاً فيكِ في القُدْس. واللهِ،
عِندي شَقَّة بِغُرِفْتين وْحَمَّام وْمَطْبَخ.

الطَّالِبَة:

قَدِّيش الأَجار؟

صَاحِب الشَّقَّة:

أَرْبَع مِية وْخَمسين دولار في الشَّهْر.

الطَّالِبَة:

آ، هٰذا غالي كتير، وْأنا واللهِ بِدّي بَسْ غُرْفة
وَاحِدِة.

صَاحِب الشَّقَّة:

بِالحَقيقَة عِندي شَقَّة مَع حَمَّام ومَطْبَخ، بَس
هِي بعيدِة شوي عَن الجامْعَة.

الطّالِبَة:

طَيِّب، قَدّيش سِعْر هاي الشَّقّة؟

صاحِب الشَّقّة:

ميتين وْخَمسين دولار في الشَّهْر.

الطّالِبَة:

هٰذا مَعْقول. مُمْكِن أَشوف الشَّقّة ؟

صاحِب الشَّقّة:

طَبْعاً، بِكُل سُرور.

الطّالِبَة:

إمْتى مُناسِب نْشوفْها؟

صاحِب الشَّقّة:

مُمْكِن بُكْرَة بَعْد الظُّهر، السّاعَة الثّانية تَقريباً.
لكِن أَنا بْحاجةِ إلى عِنْوانِك الكامِل وَاِسْمِك

وْتَلَفونك مِن فَضْلِك.

الطّالِبَة:

طَيِّب، اِسْمي أروى صَوّان.

صاحِب الشَّقّة:

طَيِّب، لَحظَة صغيرِة مِنْ فَضلِك: أروى صَوّان.

الطّالِبَة:

وْرَقِم تَلفوني ٠٥-٩٩٧٩٧٠٥

صاحِب الشَّقّة:

تِسْعَة تِسْعَة سَبْعَة تِسْعَة سَبعة صِفِر خَمسة.

شُكراً لَكِ، وإنْ شاءَ الله مِنشوفِك بُكْرَة

السّاعَة الثّانية بَعْد الظُّهر هون.

الطّالِبَة:

شُكْراً كْتير، يَعْطيك العافْيِة.

صاحِب الشَّقّة:

الله يعافيكِ

الطّالِبَة:

مَعِ[6] السَّلامَة.

صاحِب الشَّقّة:

مَعِ السَّلامَة.

[6] Though the *'ayn* in مَعَ normally takes a *fatha*, the *kasra* here is intentional to reflect colloquial pronunciation.

# Lesson Exercises

## A. TRANSLATE INTO ARABIC

I had a lot of errands to do today. First I had to go to the bank to
deposit three checks and withdraw some cash. Next I had to go to
the dry cleaners to pick up my husband's shirts and slacks and a
couple of dresses of mine (tr.: "for me"). After that I went to the
market to buy food for the week. Then I had to go to the pharmacy
for some cough medicine because my son is sick. While I was
there, I bought some pills for headaches. Maybe I get headaches
because I'm so busy!

## B. SPEAKING ACTIVITIES

1.  Using the various dialogues as models, describe the errands
    you do in a typical week.

2.  Students form groups of two (dyads) and role-play any of the
    activities presented in the lesson: renting a room, going to the
    pharmacy, taking a taxi, registering at a hotel, going to the dry
    cleaners, going to the bank or a money changer, or purchasing
    an airline ticket.

## Lesson Vocabulary

| | |
|---|---|
| to take | أَخَذَ - يَأْخُذُ |
| we take you (*pl.*) | نَأْخُذُكُم |
| a tour | جَوْلَة |
| place | مَكان، أَماكِن |
| from time to time | مِنْ مُدَّةٍ إلى مُدَّة |
| to spend, in order to spend (time) | لِقَضاءِ (وَقْتٍ) |
| necessities, needs | الاحْتِياجات |
| pharmacy | الصَّيْدَلِيَّة |
| cure, medication | عِلاج |
| medication | دَواء |
| travel agency | وِكالَة السَّفَر |
| travel ticket | تَذْكَرَة سَفَر |
| the cleaners | المَصْبَغَة |
| ironing clothes | كَيّ / كَوي المَلابِس |
| shirt | القَميص |

| | |
|---|---|
| he needs | يَحْتاج لِ / إلى |
| pants | البَنْطَلون |
| What is the price of …? / How much does … cost? | كَم سِعْر...؟ |
| a bill | فاتورَة، فَواتير |
| ready | جاهِزَ / ة |
| thank you (literally, may God give you health and strength) | الله يَعْطيك العافْيَة |
| you're welcome (literally, may God guard you, protect you, give you strength) | الله يعافيكِ |
| money changer (the person who changes money) | الصَّرّاف |
| the money changer's (the place where we change money) | مَحَلّ الصِّرافَة |
| to the left | إلى اليَسار |
| Please have a seat (*f. sing.*) | تَفَضَّلي بالجُلوس |
| How much money do you (*f. sing.*) have? | كَمْ مَعَكِ مِنَ النُّقود؟ |
| prescription | الوَصْفَة الطِّبِّيَّة |
| one pill | حَبّة واحِدَة |

| | |
|---|---|
| the computer | جِهاز الحاسوب |
| headache | صُداع |
| as needed | عِنْدَ اللُّزوم |
| I hope you feel better | سَلامَتُكِ |
| thank you (in response to سَلامَتُكِ; literally, may God keep you safe) | الله يِسَلِّمَك |
| Are you (*m. sing.*) ready? | هَلْ أَنْتَ جاهِز؟ |
| hotel | فُنْدُق |
| bag; suitcase | الحَقيبَة |
| box; trunk (of a car) | الصُّنْدوق |
| How much do you want? / How much do you charge? | كَمْ تُريدُ؟ |
| Isn't that too much? | أَلَيْسَ هٰذا كَثيراً؟ |
| the going rate | السِّعْر المُتَعارَف عَلَيْهِ |
| officially | رَسْمِيّاً |
| let's go | دَعْنا نَذْهَبْ |
| how beautiful is…! | ما أَجْمَل...! |

| | |
|---|---|
| trip, journey | الرِّحْلَة |
| luggage | أَمْتِعَة |
| these two bags | هاتانِ الحَقيبَتان |
| How much does it cost / what is the rate per night? | كَمْ الأُجْرَة في اللَّيْلَة؟ |
| includes | يَتَضَمَّنُ |
| Does it include breakfast? | وَهَلْ يَتَضَمَّنُ الفُطور؟ |
| information | مَعْلومات |
| my passport | جَواز سَفري |
| Visa credit card | بِطاقَة الائْتِمان "فيزا" |
| second floor | الطّابِق الثّاني |
| Oriental / Eastern character | الطّابِع الشَّرْقيّ |
| especially | خُصوصاً |
| bathroom | الحَمّام |
| soap | صابون |
| towel | مِنْشَفَة (مَنْشَفَة)، مَناشِف |
| I hope you (*f. sing.*) enjoy your stay | أَتَمَنّى لَكِ إقامَة مُمْتِعَة |

| | |
|---|---|
| travel agent | وَكيل السَّفَر |
| travel visa | تَأْشيرَة سَفَر |
| round-trip | ذَهاباً وَإياباً |
| airlines | خُطوط جَوِّيَّة |
| my identity card | هَوِيَّتي[7] |
| Visa credit card | بطاقَة الاعْتِماد "فيزا" |
| Have a good trip (literally, I wish you a successful journey) | أَتَمَنَّى لَكِ رِحْلَة مُوَفَّقَة |
| May God protect you | في أَمانِ الله |

[7] Should be "هُوِيَّتي" with a damma on the *ha'*, as it's derived from the pronoun *huwa*.

# Supplementary Colloquial Vocabulary for Segment 7

## اِسْتِئْجار غُرْفَة أَوْ شَقَّة

(Renting a Room or an Apartment)

| English | MSA | العامِّيّة |
|---|---|---|
| landlord, apartment owner | صاحِب الشَّقّة | صاحِب الشَّقّة |
| enthusiastic response to the greeting *marhaba* ("hello") by doubling it | N / A | مَرْحَبْتين |
| here | هُنا | هون |
| I would like, I want | أُريدُ/بِوِدّي | بِدّي |
| nearby | قَريبَة | قَريبِة |
| What is the price? / How much is the rent? | كَم الإيجار؟ | قَدّيش الأَجار؟ |
| four hundred | أَرْبَعمِئة | أَرْبَع مِية |
| but; however | لَكِن | بَس |
| this (*f.*) | هٰذِهِ | هاي |

| English | MSA | العامِّيّة |
|---|---|---|
| two hundred and fifty | مِئَتان وخَمسون | ميتين وْخَمسين |
| I see | أرى، أُشاهِد | أَشوف |
| when? | مَتى؟ | إمْتى؟ |
| God willing, we will see you | إنْ شاءَ الله نَراكِ | إنْ شاءَ الله مِنْشوفِك |
| tomorrow | غَداً | بُكْرَة |
| too much | كَثير (جِدّاً) | كْتير |

# الدَّرْسُ التّاسِع – جامِعَتي

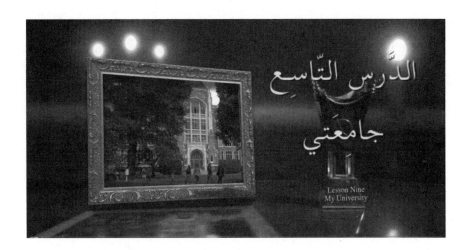

## Grammatical Features

- Use of these terms:

  generally                     بِشَكْلٍ عامّ

  particularly, specifically    بِشَكْلٍ خاصّ

- Present tense of *waw* verbs as in:

  Lesson 9,
  Segment 1
  
  جامِعة "ترِنتي" تَقَعُ في مَدينَة
  
  "واشنطن"
  
  Lesson 6,
  Segment 5
  
  أصِلُ إلى الجامِعَة في السّاعَة
  
  الثّـامِنة والــنِّصْف صَباحاً

- The verb يُوْجَدُ .

- The hollow verb جِئْتُ, as in:

  جِئْتُ إلى هُنا لِأَبْحَثَ عَن بَعْضِ المَصادِر

## Transcripts

أروى:

كَما تَعْرِفونَ أَيُّها الطُّلاب والطّالِبات الأَعِزّاء هُناكَ جامِعات كَثيرَة في أميركا وَفي جَميع أَنْحاءِ العالَم، وَذٰلِكَ لِأَنَّ العِلْمَ مُهِمٌّ بالنِّسْبَة لِكُلِّ مُجْتَمَع. ولِذَلِكَ نَقول بالعَرَبِيَّة "**العِلْمُ نورٌ**."

في هٰذا الدَّرْس نَتَحَدَّثُ عَنِ الجامِعات بِشَكْلٍ عامّ.

## MODEL – SEGMENT 1

أُروى:

هٰذِهِ جامِعَتي،

جامِعَةُ "تِرِنِتي."

جامِعَةُ "تِرِنِتي" تَقَعُ

في مَدينَةِ

"واشنطن." جامِعَةُ "تِرِنِتي" قَريبة مِن جامِعَة

مَشهورَة اسمُها الجامِعَة الكاثوليكِيَّة. جامِعَةُ

"تِرِنِتي" جامِعَة صَغيرَة لكِنَّها جَميلَة، وَهِيَ

لِلْبَناتِ فَقط. أَنا أُدَرِّسُ اللُّغَةَ العَرَبِيَّة في هٰذِهِ

الجامِعة ثَلاثة أَيّام في الأُسْبوع: يَوْمُ الاثْنَيْن

وَيَوْمُ الأَرْبِعاء وَيَوْمُ الجُمْعَة . في صَفَّي عَشَر

طالِبات مُجْتَهِدات، وَأَنا أُحِبُّ عَمَلي.

**LISTEN AND REPEAT (DVD VOCABULARY)**

- جامِعةُ "ترِنِتي" تَقَعُ في مَدينَةِ "واشنطن"
- جامِعَة مَشهورَة
- ثَلاثَة أَيّام في الأُسْبوع
- يَوْمُ الاثْنَيْن ويَوْمُ الأَرْبِعاء ويَوْمُ الجُمْعَة
- طالِبات مُجْتَهِدات

## MODEL DRILLS

1. Repeat and translate into English:

العِلْم مُهِمّ.

بالنِّسْبة لِ

كُلّ مُجتَمَع

العِلْمُ نورٌ.

جامِعة "تِرِنِتي" تَقَعُ في مَدينَة "واشنطن."

ثَلاثَة أَيّام في الأُسْبوع

طالِب مُجْتهِد

أُحِبُّ عَمَلي

*is important Knowledge* (annotation above العِلْم مُهِمّ)
*from my perspective* (annotation above بالنِّسْبة لِ)
*society in every* (annotation above كُلّ مُجتَمَع)
*is light Knowledge* (annotation above العِلْمُ نورٌ)
*diligent* (annotation above مُجْتهِد)

كُرّ الطَّلاب — all students
كُلّ طالِب — every student

2. Based on the text, agree or disagree with each statement and provide the correct answer, if necessary.

أروى تُدَرِّسُ اللُّغة الفَرَنْسيَّة في جامِعَة "ترِنِتي."

الجامِعَة الكاثوليكِيَّة قَرِيبَة مِن جامِعَة "ترِنِتي."

في صَفّ أروى عَشْرُ طالِبات مُجْتَهِدات.

أروى لا تُحِبُّ عَمَلَها.

3. Answer the following questions, first orally then in writing:

كَم يَوْماً في الأُسبوع؟

كَم يَوْماً في الأُسبوع تُدَرِّسُ أروى في جامِعَة "ترِنِتي"؟

ماذا تُدَرِّسُ أروى في جامِعَة "ترِنِتي"؟

ماذا تَقولُ أروى عَن طالِباتِها؟

## Segment 2

أروى:

هٰذِهِ مَكْتَبَةُ الجامِعَة

مِنَ الدّاخِلِ،

وَتَحْتَوي عَلى

ثَلاثَة أَقسام: قِسْمُ

الاسْتِعْلامات وَقِسْمُ القِراءَة أَو الدِّراسَة

وَقِسْمُ الخَدَمات.

## Comprehension Questions

كَم قِسْماً في مَكْتَبَةِ الجامِعَة؟

ما هِيَ هٰذِهِ الأَقسام؟

## SEGMENT 3

أروى:

نَحْنُ الآن في قِسْم

الخَدَمات[1]

الأَكاديمِيَّة.

مِنْ خِلال هذا

القِسم تُقَدِّمُ الجامِعَة كَثير مِنَ الخَدَمات

لِلطُّلّاب. مَثَلاً، تُساعِدُ الطُّلاب الأَجانب

وتُساعِدُ الطُّلاب في الكِتابَة. وأَيْضاً تُساعِدُ

الطُّلاب المُعاقين.

---

[1] Should be خِدْمات or خِدَمات (pl. of خِدْمة), though خَدَمات is commonly heard.

**LISTEN AND REPEAT (DVD VOCABULARY)**

- قِسْم الخَدَمات الأَكاديمِيَّة
- تُقَدِّمُ الجامِعَة كَثير مِن الخَدَمات لِلطُّلّاب
- تُساعِدُ الطُّلاب الأَجانِب
- تُساعِدُ الطُّلاب المُعاقين

**COMPREHENSION QUESTIONS**

هَل تُساعِدُ الجامِعَة الطُّلاب الأَجانِب؟

مِنْ خِلال أيِّ قِسْم تُساعِدُ الجامِعَة الطُّلاب المُعاقين؟

هَلْ تُقَدِّمُ الجامِعَة خَدَمات أُخْرى للطُّلاب مِن خِلال هذا القِسم؟ ما هِيَ تِلْكَ الخَدَمات؟

**SEGMENT 4**

أروى:

هذا قِسْمُ القِراءَة

وَيُوْجَدُ فيه كَثير

مِنْ الكُتُب

الُمتَنَوِّعَة. مَثَلاً،

كُتُبُ التّاريخ وَكُتُبُ الطِّبّ وَكُتُبُ العُلوم،

وَأَيْضاً كُتُبُ اللُّغات.

**LISTEN AND REPEAT (DVD VOCABULARY)**

exist in it

◈  يُوْجَدُ فيه

books
of a lot
◈  كثير مِنْ الكُتُب المُتَنَوِّعَة

◈  كُتُبُ التّاريخ

◈  كُتُبُ الطِّبّ

◈  كُتُبُ العُلوم

◈  كُتُبُ اللُّغات

**COMPREHENSION QUESTIONS**

ما هي أنواع الكُتُب المَوْجودَة في مَكْتَبَة
الجامِعة؟

ما مَعْنى كَلِمَة "مُتَنَوِّعة"؟

**SEGMENT 5**

أروى:

ما اسْمُ جامِعَتِكَ؟

"بول":

اِسْم جامِعَتي هُوَ جامِعَة "تَفْتس."

أروى:

وماذا تُدرِّسُ في الجامِعَة؟

"بول":

أنا أُدرِّس صُفوف في السّنة الأُوْلى والسَّنَة
الثّانِية في اللُّغة العَربيَّة.

أروى:

حَدِّثْنا أَكْثَر عَنْ جامِعَتِكَ يا "بول"!

"بول":

أولاً، جامِعة "تَفْتس" هِيَ قَريبَة جِدّاً مِن مَدينَة "بوسْطُن،" فَمَدينَة "بوسْطُن" مَدينَة جَميلَة جِدّاً في رَأْيي. وَلكن لا أُحِبّ الطَّقْس فيها لأنَّ الطَّقْس في الشِّتاء بارِد جِدّاً.

أروى:

مُنْذُ كَمْ سَنَة تُدَرِّسُ في الجامِعَة؟

"بول":

هٰذِهِ هِيَ السَّنَة الأُوْلى التي أُدَرِّس فيها في جامِعَة "تَفْتس."

## Listen and Repeat (DVD Vocabulary)

- ◈ أنا أُدَرِّس صُفوف في السَّنَة الأُوْلى والسَّنَة الثّانِية
- ◈ لا أُحِبّ الطَّقْس فيها
- ◈ الطَّقْس في الشِّتاء بارِد جِدّاً

## Comprehension Questions

ماذا يَقولُ "بول" عَن مَدينَة "بوسْطُن"؟

مُنْذُ كَمْ سَنَةً يَعْمَلُ "بول" في جامِعَة "تَفْتس"؟

ماذا يُدَرِّسُ "بول" في هٰذِهِ الجامِعَة؟

**SEGMENT 6**

أروى:

ما اسمُ جامِعَتِك؟

خالد:

اِسْمُ جامِعَتي هُوَ جامِعة "مونتانا."

أروى:

في أيَّةِ سَنةٍ دِراسِيَّةٍ أَنْتَ؟

خالد:

أَنا في السَّنة الرّابعةِ والأَخيرة في دِراسةِ الدُّكْتوراة.

أروى:

ما هُوَ تَخَصُّصُكَ؟

خالد:

أَدْرُسُ مَناهِج وَطُرُق تَدْريس اللُّغات، وَخاصّةً اللُّغَة العَرَبِيَّة.

أروى:

ما هِيَ الأَشْياء الّتي تُحِبُّها وَالأَشْياء الّتي لا تُحِبُّها في جامِعَتِك؟

خالد:

أُحِبُّ التَّنَوُّعَ الثَّقافي في جامِعَتي وَلا تُوْجَد هُناكَ أَشْياء لا أُحِبُّها.

أروى:

في أَيِّ (= أَيَّةِ) سَنَةٍ سَتَتَخَرَّج؟

خالد:

سَأَتَخَرَّجُ في فَصْل الرَّبيع عام أَلْفَيْن وَثَمانْيَة.

أروى:

بِالتَّوْفيق

خالد:

شُكْراً.

## Listen and Repeat (DVD Vocabulary)

- أَدْرُسُ مَناهِج وَطُرُق تَدْريس اللُّغات
- خاصَّةً اللُّغَة العَرَبِيَّة
- أُحِبُّ التَّنَوُّعَ الثَّقافِيّ
- سَأَتَخَرَّجُ في فَصْل الرَّبيع

## Comprehension Questions

ما هِيَ الأَشْياء الّتي يُحِبُّها خالِد في جامِعَتِهِ؟

هَل هناكَ أَشياء لا يُحِبُّها خالِد في جامِعَتِهِ؟

مَتى تَخَرَّجَ خالِد مِن الجامِعة؟[2]

ما مَعْنى "التَّنَوُّع الثَّقافِيّ"؟

[2] Assume that Khaled graduates in the year he says he will.

**SEGMENT 7**

أروى:

مَرْحَباً "جِنِفِر."

"جِنِفِر":

مَرْحَبْتين يا

أروى.

أروى:

كَيْفَ حالُكِ؟

"جِنِفِر":

الحَمْدُ لله، أَنا بِخير. وَكَيْفَ حالُكِ؟

أروى:

أَنا بِخير، والحَمْدُ لله.

"جِنِفِر":

ماذا تَفعَلين في هٰذِهِ الجامِعَة اليَوْم؟

أروى:

أَنا أُدَرِّس اللُّغَةَ العَرَبِيَّة في هٰذِهِ الجامِعَة.

وَماذا تَفْعَلينَ أَنْتِ في هٰذِهِ الجامِعَة؟

"جِنِفِر":

أَسْكُنُ قَريباً مِن هٰذِهِ الجامِعَة وَجِئْتُ إلى هُنا اليَوْم لِأَبْحَثَ عَن بَعْضِ المَصادِر لِرِسالَة الدُّكْتوراة .

أروى:

وَما هُوَ تَخَصُّصُكِ في رِسالَة الدُّكْتوراة؟

"جِنِفِر":

تَخَصُّصي هُوَ الشِّعْر العَرَبيّ في العَصْر العَبّاسيّ.

أروى:

وَهَلْ هُناكَ كِتاب مُعَيَّن تَبْحَثِينَ عَنْهُ في مَكْتَبَةِ الجامِعَة؟

"جنِفِر":

نَعَم، أَبْحَثُ عَن كِتاب "تاريخ بَغداد."

**LISTEN AND REPEAT (DVD VOCABULARY)**

- جِئْتُ إلى هُنا اليَوْم
- لِأَبْحَثَ عَن بَعْضِ المَصادِر
- رِسالَة الدُّكْتوراة
- الشِّعْر العَرَبيّ
- العَصْر العَبّاسيّ

## COMPREHENSION QUESTIONS

ما هُوَ تَخَصُّصُ "جِنِفِر"؟

لِماذا جاءَت "جِنِفِر" إلى "تِرِنِتي"؟

ماذا تَفْعَلُ أروى في هٰذِهِ الجامِعَة؟

## SEGMENT 8

أروى:

وَمَنْ هُوَ مُؤَلِّف هٰذا الكِتاب؟

"جِنِفِر":

اِسْمُهُ "الخَطيب البَغْدادي."

أروى:

وَعَنْ ماذا يَتَحَدَّث هٰذا الكِتاب؟

"جنِفِر":

هٰذا الكِتاب يَتَناوَل قِصَص النّاس المَشْهورين في بَغْداد في العُصور الوُسْطى.

أروى:

وَماذا تَقْصِدينَ بِالنّاس المَشْهورين؟

"جنِفِر":

النّاس المَشْهورين، مَثَلاً: الوُزَراء ورِجالُ الدّين والكُتّاب والشُّعَراء.

أروى:

وَمَتى سَتَنْتَهينَ مِنْ رِسالَة الدُّكْتوراة؟

"جنِفِر":

إِنْ شاءَ الله سَأَنْتَهي مِنْها خِلال سَنَتَيْن.

أروى:

إِنْ شاءَ اللّٰه. أَتَمَنّى لَكِ التَّوْفيق.

"جِنِفِر":

شُكْراً.

أروى:

مَعَ السَّلامَة.

"جِنِفِر":

مَعَ السَّلامَة.

### LISTEN AND REPEAT (DVD VOCABULARY)

- العُصور الوُسْطى
- الوُزَراء
- رِجالُ الدّين
- الكُتّاب وَالشُّعَراء

### COMPREHENSION QUESTIONS

مَتى سَتَنْتَهي "جِنفِر" مِنْ رِسالَة الدُّكْتوراة؟

مَنْ هُوَ مُؤَلِّف كِتاب "تاريخ بَغْداد"؟

عَنْ أَيَّةِ فَتْرَة يَتَحَدَّثُ هٰذا الكِتاب؟

# Lesson Exercises

## A. Translate into Arabic

The United States has many universities and other institutions of higher learning. Some of these universities are private and some are state universities. Although the private universities are much more expensive than the state universities, the quality of education is not always better. In fact, some of the state universities are considered very good. For example, the University of Virginia is one of the best universities in the country. Still, the most famous universities in the U.S. are generally private universities, such as Harvard, Yale, and Stanford.

## B. Speaking Activities

Using the various speakers as models, talk about your school or university with the questions below as a guide.

أَيْنَ تَقَعُ جامِعَتُكَ؟

ما هُوَ تَخَصُّصُكَ ؟

في أَيَّةِ سَنَةٍ دِراسِيَّةٍ أَنْتَ؟

مَتى تَتَخَرَّجُ / ينَ؟

متى بَدَأْتَ دِراسَةَ اللُّغَةِ العَرَبيَّة؟

كَمْ عَدَدُ طُلّاب صَفِّ اللُّغَة العَرَبيَّة؟

ما اسْمُ أُستاذِ اللُّغَة العَرَبِيَّة؟

ماذا تَدْرُسُ / ينَ بِالإضافَة إلى[3] اللُّغَة العَرَبِيَّة؟

ما هِيَ الأَشْياء الّتي تُحِبُّها / تُحِبّينَها في جامِعَتِكَ؟

ما هِيَ الأَشْياء الّتي لا تُحِبُّها / لا تُحِبّينَها فيها؟

---

[3] بِالإضافَة إلى means "in addition to."

# Lesson Vocabulary

| | |
|---|---|
| lesson nine | الدَّرْسُ التّاسِع |
| knowledge; science | العِلْمُ |
| important | مُهِمٌّ |
| for, from the point of view of; in relation to | بالنِّسْبَة لِ |
| society | مُجْتَمَع |
| Knowledge is light | العِلْمُ نورٌ |
| in general | بِشَكْلٍ عامّ |
| is located (*f.*) | تَقَعُ |
| famous | مَشْهور / ة |
| Monday | يَوْمُ الاثْنَيْن |
| Wednesday | يَوْمُ الأَرْبِعاء |
| Friday | يَوْمُ الجُمْعَة |
| diligent, industrious | مُجْتَهِد |
| department | قِسْم |
| department of academic services | قِسْم الخِدَمات الأَكاديمِيَّة |

| | |
|---|---|
| تُقَدِّمُ | she provides |
| الطُّلاب الأَجانِب | foreign students |
| الطُّلاب المُعاقون | students with disabilities |
| قِسْمُ القِراءَة | reading room |
| الكُتُبُ المُتَنَوِّعَة | various books |
| كُتُبُ التّاريخ | history books |
| كُتُبُ الطِّبّ | medicine books |
| كُتُبُ العُلوم | science books |
| كُتُبُ اللُّغات | language books |
| التَّخَصُّص | specialty, specialization |
| في رَأْيِي | in my view, in my opinion |
| الطَّقْس | the weather |
| الشِّتاء | winter |
| بارِد جِدّاً | very cold |
| مَناهِج (التَّدْريس) | (teaching) methods |
| طُرُق تَدْريس اللُّغات | methods of language teaching |

| | |
|---|---|
| cultural diversity | التَّنَوُّع الثَّقافيّ |
| I will graduate | سَأَتَخَرَّجُ |
| the spring season | فَصْل الرَّبيع |
| I wish you success | بِالتَّوْفيق |
| I came | جِئْتُ |
| I am searching (for), I am looking (for) | أَبْحَثُ (عَن) |
| source | مَصْدَر، مَصادِر |
| doctoral dissertation | رِسالَة الدُّكْتوراة |
| Arabic poetry | الشِّعْر العَرَبيّ |
| the Abbasid era | العَصْر العَبّاسيّ |
| specific; particular | مُعَيَّن |
| author | مُؤَلِّف |
| deals with | يَتَناوَلُ |
| stories of famous people | قِصَص النّاس المَشْهورين |
| the Middle Ages | العُصور الوُسْطى |
| What do you mean by …? | ماذا تَقْصِدُ / ينَ بِ...؟ |

| | |
|---|---|
| minister | وَزير، وُزَراء |
| religious leaders | رِجالُ الدّين |
| author, writer | كاتِب، كُتّاب |
| poet | شاعِر، شُعَراء |
| I will complete, I will finish | سَأَنْتَهي مِن |
| I wish you (*f. sing.*) success; I wish you the best of luck | أَتَمَنّى لَكِ التَّوْفيق |

# الدَّرْسُ العاشِرِ - بَيْتي

## Grammatical Features

- *Colors.* For a list of additional colors in Arabic, see supplemental vocabulary list in Lesson 4 (My Friends).

| | | |
|---|---|---|
| Segment 1A | لَون بُرْتُقاليّ | بُرْتُقاليّ |
| Segment 1A | لَوْن بَنَفْسَجيّ | بَنَفْسَجيّ |
| Segment 3 | تُفّاح أَخْضَر | أَخْضَر |
| Segment 3 | تُفّاح أَحْمَر | أَحْمَر |

- The imperative, as in:

| | |
|---|---|
| Segment 1B | لا تَلْمِسْني |
| Segment 1B | اُنْظُر |
| Segment 1C | تَعالَيْ |

- The passive form, as in:

| | |
|---|---|
| Segment 1B | تُدْعَى |
| Segments 1B, 5 | تُسَمَّى |

- The pattern فَعْلان, as in:

| | |
|---|---|
| Segment 3 | إذا كُنْتُ **تَعْبانة** |
| Segment 5 | إنّني **عَطْشانة** جِدّاً، سَأشْرَبُ الماء |

# Transcripts

**SEGMENT 1A**

## حَديقَة البَيْت

أروى:

أَصْدِقائي، أنا الآن في حَديقَة البَيت. هٰذِهِ الحَديقَة جَميلَة جِدّاً.

تُوْجَد فيها زُهور كَثيرة مُختَلِفة الأَشْكال والأَلْوان.

- لون تِلْكَ الزُّهور بُرْتُقاليّ.
- هٰذِهِ الزَّهْرَة بُرْتُقالِيّة.

- ولون تِلْكَ الزُّهور بَنَفْسَجيّ.
- هٰذِهِ الزَّهْرَة بَنَفْسَجيّة.

سَنَذْهَبُ في جَوْلَةٍ قَصيرة إلى حَديقَةِ حَنّا،
وَسَيُطْلِعُنا حَنّا على حَديقَتِهِ الصَّغيرَة.

**SEGMENT 1B**

## حَديقَة حَنّا

حَنّا:

هٰذِهِ هِيَ حَديقَتي الصَّغيرَة.

هٰذِهِ الأَشْتال أنا زَرَعْتُها بِيَدي.

هُنا، مَثَلاً، هٰذِهِ الزَّهْرَة اسْمُها "كونفرينا."

هُنا أَشْتال تُسَمّى "كَسْتَناء". أُريدُ أَنْ أَتَعَرَّف عَليها فيما بَعْد كَيْفَ تَكْبُر وَكيفَ تَنْمو.

هٰذِهِ نَبْتَة غَريبَة عَجيبَة تُسَمّى بالعَرَبيَّة "لا تَلْمَسني،"[1] عِندَما تَلْمَسُها تَنام. أُنْظُر كَيْفَ تَنام. هٰذِهِ مَرَّة أُخْرى، أُنْظُر. هٰذِهِ مَرَّة أُخْرى.

اِسْمُها بالإنكليزيّة — "Don't touch me" — "لا تَلْمَسني" باللُّغة العَرَبيّة.

هٰذِهِ شَجَرَة بَلّوط الّتي تُدْعَى "السِّنْدِيان" و هٰذا هُوَ ثَمَرُها.

---

[1] Should be تَلْمُسني or تَلْمِسني .

**SEGMENT 1C**

# الحَديقَة الخَلْفِيّة

أروى:

في بَعْض الأَحْيان

أَجْلِسُ في الحَديقَة

الخَلْفِيّة لِلْبَيْت

وَأَلْعَبُ مَعَ كَلْبَتي

"لوسي."

"لوسي" تعالي!

(أروى تَرْمي خَشَبة و"لوسي" تَرْكُض وَراء

الخَشَبَة وَتُحْضِرُها لأروى وأروى تمتَدِحُها

وَتَقول):

شاطْرَة "لوسي."

**SEGMENT 2**

# الشُّرْفَة

أروى:

هُنا الشُّرْفَة.

الشُّرْفَة مَكان

يَتَجَمَّع فيهِ أَفراد

العائِلة والأصْدِقاء.

يُوْجَد في الشُّرْفَة طاوِلَة وَكَراسٍ وأَيْضاً كَثير مِن النَباتات الجَميلة. وَيُوْجَد أَيْضاً في الشُّرْفَة شَوَّاية، نَشْوي فيها مَثلاً الَّدجاج ؛ الَّلحم ؛ الذُّرة الْمَشويّة ؛ وكَثير مِن الّطعام المَشْويّ اللَّذيذ.

**SEGMENT 3**

## غُرفَة الاسْتِقْبال

أروى:

مَرْحَباً بِكم

أصْدِقائي في داخِل

البيت، تَفَضَّلوا.

سَنَذْهَب الآن إلى

غُرْفة الاسْتِقْبال. غُرْفة الاسْتِقْبال هِيَ صَدْرُ الْبَيت. نَسْتَقْبِلُ فيها الأصْدِقاء والضُّيوف. تُوْجَد هُنا أَريكتان، وَعَلى اليمين تُوْجَد طاوِلة زُجاجيّة عَلَيْها طَبَق الفَواكِه.

تُوْجَد أنواع كَثيرة مِن الفَواكِه، مَثلاً:

- البُرْتُقال
- أَجاص[2] أو "إِنجاص"
- تُفّاح أَخْضَر
- تُفّاح أَحْمَر
- "كريب فروتس"
- ومَوز.

وعَلى اليسار تُوْجَد بِجانِب النافِذة نَباتات وزُهور طَبيعيّة.

أَقِفُ الآن بِجانب المَوقِد أو ما يُسَمّى بـ "داخون." بِجانِبي هُنا تُوْجَد صُور العائلة. تُوْجَد هُنا أَيْضاً شُموع.

[2] Normally pronounced إِجّاص .

فِي بَعْضِ الأَحْيان إذا كُنتُ تَعْبانة أسْتَمِعُ إلى المُوسيقى الْغربية أو أعْزِف على "البيانو."

**SEGMENT 4**

## غُرْفَة الطَّعام

أروى:

هٰذِهِ غُرفةُ الطَّعام
وَفيها مائِدةُ الطَّعام
وكَراسٍ وَخِزانَةُ
الكُؤوس.

يَتَجمَّعُ في غُرْفةِ الطَّعام أَفْرادُ العائِلة لِتَناوُل الطَّعام.

**SEGMENT 5**

# المَطْبَخ

أروى:

أنا الآن في المَطْبَخ

ويُوْجَدُ فيه كَثير

مِن الأَواني

والأَدَوات

المَطْبَخِيّة.

- هٰذِهِ ماكِنة قَهْوة.
- هٰذِهِ غَلّاية قَهْوة.
- وهُنا يُوْجَد إبْريق.
- هٰذا إبْريقُ شاي.
- هٰذا فُرْن.
- هٰذا "مايكروويف."

- تُوْجَد فِي المَطْبَخ كَثير مِن الخَزائِن.
- تُوْجَد فِي الخَزائِن كُتُب طَبْخ.
- وهُنا تُوْجَد صُحون كَثيرة وَكُؤوس كَثيرة.
- هٰذِهِ مَلاعِق كَبيرَة.
- هٰذِهِ سَكاكين.
- هٰذِهِ تَوابِل وتُسَمّى أيضاً بِهارات.[3]
- هٰذِهِ جَلّاية.
- تُوْجَد أيْضاً فِي المَطْبَخ طاوِلةُ المَطْبَخ وكُرْسِيّان.
- هٰذِهِ ثَلّاجَة.

سَأفْتَحُ الثَّلّاجَة، إنَّني عَطْشانة جِدّاً، سَأشْرَبُ الماء.

---

[3] Should be بَهارات .

**SEGMENT 6**

# غُرْفَة الجُلوس

أروى:

غُرفة الجُلوس هِيَ
الغُرْفَة التي يَتَجَمَّعُ
فيها أفْرادُ العائِلة
لِلرّاحة والتَّرْفيه، أو
لِمُشاهَدَة الأَفْلام أو الاسْتِماع لِلْمُسَجِّل أو
قِراءة الكُتُب. وأيْضاً يُوْجَد في الغُرْفة هُنا، في
غُرْفَة الجُلوس، أَلْعابُ الأطْفال وأجهِزة التَّمْرين
الرِّياضيَّة.

**Segment 7**

# غُرْفَة المَكْتَب

أروى:

أنا الآن في غُرْفةِ
المَكْتَب. غُرْفةُ
المَكْتَب هِيَ مِن
الغُرَف الضَّروريّة.

أقومُ بِالعَمَل عَلى الحاسوب. هٰذا هُوَ الحاسوب
وَ هٰذِهِ ‹هِيَ› الطّابعة.

هُناك أيْضاً شاشَة تِلْفاز كَبيرة وَشاشَة حاسُوب
كَبيرة. تُوجَد أيْضاً في المَكْتَب كَثير مِن
المِلَفّات، الفَواتير والأوْراق.

**SEGMENT 8**

# غُرْفَة الأَطْفال

أروى:

والآن أنا في غُرْفةِ نَومِ الأَطْفال. غُرْفةُ نَومِ الأَطْفال تَحْتَوي عَلى أَلْعاب كَثيرة. هٰذِهِ الغُرْفَة تَحْتَوي عَلى سَرير لِلأَطْفال، أَيْضاً مِصْباح كَهْرُبائيّ. وتُوْجَد رُسومات جَميلَة عَلى الحائِط، مِثْل فَراشَة وشَجَرة كَبَيرة، ويُوْجَد أَيضاً قِصَص لِلأَطْفال.

# Lesson Exercises

## A. TRANSLATE INTO ARABIC

My house is on a quiet street in Virginia. On the main floor, we
have a kitchen, a living room, and a dining room. Upstairs there
are three bedrooms and a bathroom with a shower. My husband
and I use two of the bedrooms for our home offices. Downstairs is
a recreation room and another bathroom with a shower. The
washing machine and clothes dryer are downstairs, too.

## B. SPEAKING ACTIVITIES

1.  Take us on a tour of your own house / apartment.

2.  Describe in detail one of the rooms in your house / apartment.

3.  Use the lesson and (*particularly*) the supplementary vocabulary
    to discuss your living situation.

4.  Use the vocabulary in the table below to tell your classmates
    about your pet(s). Do you have one? Is it a cat or a dog? Does
    it live with you in the same room? Do you play with it every
    day?

| | |
|---|---|
| dog | كَلْب / ة |
| cat | قِطّ / ة |
| I have | عِنْدي |
| lives with me | يَسْكُن مَعي |
| in the same room | في نَفْسِ الغُرْفَة |

# Lesson Vocabulary

| | |
|---|---|
| house garden; yard | حَديقَة البَيت |
| flower | زَهْرَة، زُهور |
| of various shapes and colors | مُختَلِفة الأَشْكال والأَلْوان |
| orange (the color) | اللَّوْن البُرْتُقاليّ |
| orange(-colored) flower | زَهْرَة بُرْتُقالِيّة |
| violet (the color), purple | اللَوْن البَنَفْسَجيّ |
| violet(-colored) flower | زَهْرَة بَنَفْسَجيّة |
| tour | جَوْلَة |
| He will show us | سَيُطْلِعُنا (على) |
| potted plant | شَتْلَة، أَشْتال |
| I planted them with my own hand[s] | زَرَعْتُها بِيَدي |
| Hebrew name for a flower that exists in the Middle East | "كونفرينا" |
| chestnuts (*coll. pl.*) | كَسْتَناء |
| how they get bigger and grow | كَيْفَ تَكبُر وكيفَ تَنْمو |
| strange and wondrous | غَريبَة عَجيبَة |

| | |
|---|---|
| When you touch it, it sleeps | عِندَما تَلْمِسُها تَنام |
| look (*m. sing., imperative*) | أُنْظُرْ |
| oak tree | شَجَرَة بَلّوط |
| It is [also] called *sindiyan* (another name for the oak tree in Arabic) | تُدْعَى السِّنْدِيان |
| fruit(s) (*coll. pl.*) | ثَمَر |
| sometimes | في بَعْض الأَحْيان |
| backyard | الحَديقَة الخَلْفِيّة |
| terrace; balcony | الشُّرْفة |
| grill | شَوّاية |
| We grill the meat | نَشْوي اللَّحْم |
| grilled corn | الذُّرَة المَشْوِيّة |
| delicious grilled food | الطَّعام المَشْوِيّ اللَّذيذ |
| living room, salon | غُرْفة الاسْتِقْبال |
| the heart / center of the house | صَدْرُ البَيت |
| couch / two couches | أَريكة / أَريكتان |
| glass table | طاوِلة زُجاجيّة |

| | |
|---|---|
| fruit bowl | طَبَق الفَواكِه |
| oranges (*coll. pl.*) | البُرْتُقال |
| pears (*coll. pl.*) | إجّاص ("أَجاص"/"إِنْجاص") |
| green apples (*coll. pl.*) | تُفّاح أَخْضَر |
| red apples (*coll. pl.*) | تُفّاح أَحْمَر |
| bananas (*coll. pl.*) | مَوْز |
| I stand | أَقِفُ |
| fireplace | المَوقِد |
| chimney (used more in $^{c}$*ammiyya*) | داخون |
| what is called / known as … | ما يُسَمَّى بـ |
| candle | شَمْعَة، شُموع |
| I listen to | أَسْتَمِعُ إلى |
| I play the piano | أَعْزِفُ على "البيانو" |
| dining room | غُرْفَةُ الطَّعام |
| dining room table | مائِدَةُ الطَّعام |
| china cabinet | خِزانَةُ الكُؤوس |

| | |
|---|---|
| gather | يَتَجَمَّعُ |
| family members | أَفْرادُ العائِلة |
| to dine, in order to dine | لِتَناوُل الطَّعام |
| kitchen | المَطْبَخ |
| kitchen tools and appliances | الأَواني والأَدَوات المَطْبَخيّة |
| coffee machine | ماكِنة قَهْوة |
| coffee pot | غَلاّية قَهْوة |
| kettle; pitcher | إِبْريق |
| oven | فُرْن |
| spoons | مَلاعِق |
| refrigerator | ثَلّاجَة |
| thirsty (*m.* / *f.*) | عَطْشان / ة |
| sitting room | غُرْفة الجُلوس |
| relaxation | الرّاحة |
| entertainment | التَّرْفيه |
| recorder | مُسَجِّل |

| children's toys | أَلْعابُ الأَطْفال |
| exercise equipment | أَجْهِزة التَّمْرين الرِّياضيَّة |
| (home) office | غُرْفة المَكْتَب |
| necessary | ضَروريّ |
| printer | طابِعة |
| screen | شاشَة |
| file | مِلَفّ، مِلَفّات |
| bill | فاتورَة، فَواتير |
| children's bedroom | غُرْفة نَومِ الأَطْفال |
| bed | سَرير |
| electric lamp | مِصْباح كَهْرُبائيّ |
| paintings | رُسومات |
| butterfly | فَراشَة |
| tree | شَجَرة، أَشْجار |
| children's stories | قِصَص لِلأَطْفال |

## Supplementary Vocabulary Describing a Living Situation

| | |
|---|---|
| guest room | غُرْفَة الضُّيوف |
| bathroom | حَمّام |
| furniture | أَثاث |
| clothes washer | غَسّالة |
| clothes dryer | مُجَفِّف |
| floor, story | طابِق، طَوابِق |
| basement | الطابِق السُّفْليّ (تَحْتَ الأَرْض) |
| street | شارِع، شَوارِع |
| neighborhood | حَيّ، أَحْياء |
| upstairs | الطّابِق الأَعْلى |
| downstairs | الطّابِق الأَسْفَل |
| elevator | مِصْعَد |

| | |
|---|---|
| I own | أَمْلِكُ |
| you (*m. sing.*) own (also: she owns) | تَمْلِكُ |
| Do you own this house? | هَلْ تَمْلِكُ هٰذا البَيْت؟ |
| Yes, I own it | نَعَمْ أَمْلِكُهُ |
| to buy | اِشْتَرَى |
| I bought | اِشْتَرَيْتُ |
| I bought it (referring to a masculine object) | اِشْتَرَيْتُهُ |
| I bought it (referring to a feminine object) | اِشْتَرَيْتُها |
| I bought it three years ago | اِشْتَرَيْتُهُ قَبْلَ ثَلاث سَنَوات |
| tenant, renter | مُسْتَأْجِر |
| Do you (*m. sing.*) own this apartment? | هَلْ تَمْلِكُ هٰذِهِ الشَّقّة؟ |
| No, I am renting | لا، أَنا مُسْتَأْجِر |

# Arabic–English Glossary

| | |
|---|---|
| father | أَب |
| I am searching (for) / I am looking (for) | أَبحَث (عَن) |
| kettle; pitcher | إِبْريق |
| cousin (son of a maternal uncle) | اِبن خال، أَبناء أَخْوال |
| cousin (son of a maternal aunt) | اِبن خالَة، أَبْناء خالات |
| cousin (son of a paternal uncle) | اِبن عَمّ، أَبْناء أعْمام |
| my cousin (son of my paternal aunt) | اِبن عَمَّتي، أَبْناء عَمَّتي |
| cousin (daughter of a maternal uncle) | اِبنة خال، بَنات أَخْوال |
| cousin (daughter of a maternal aunt) | اِبنة خالة، بَنات خالات |
| cousin (daughter of a paternal uncle) | اِبنة عَمّ، بَنات أَعْمام |
| cousin (daughter of my paternal aunt) | اِبنة عَمَّة، بَنات عَمّات |
| my father and mother, my parents | أَبي وأُمّي |

| I shop | أَتَسَوَّقُ |
| I eat dinner with my wife | أَتَـعَشَّى مَعَ زَوْجَتِي |
| I eat lunch | أَتَـغَدَّى |
| I exercise | أَتَمَرَّنُ |
| I hope you enjoy your stay | أَتَمَنّى لَكِ إقامَة مُمْتِعَة |
| I wish you (f.) success, I wish you the best of luck | أَتَمَنّى لَكِ التَّوْفيق |
| Have a good trip (literally, I wish you a successful journey) | أَتَمَنَّى لَكِ رِحْلَة مُوَفَّقَة |
| I eat lunch at noon | أَتَناوَلُ الغَداء ظُهْراً |
| I eat breakfast | أَتَناوَلُ وَجْبَة الفُطور |
| furniture | أَثاث |
| pears | إجّاص / إنجاص |
| exercise equipment | أجهِزة التَّمْرين الرِّياضيَّة |
| I try, attempt | أُحاوِلُ |

| | |
|---|---|
| necessities; needs | الاحْتِياجات |
| red (*m.* / *f.*) | أَحْمَر / حَمْراء |
| (at) other times | أَحْياناً أُخْرَى |
| the oldest sister | الأُخْت الكُبْرى |
| sister | أُخْت، أَخَوات |
| to take | أَخَذَ - يَأْخُذُ |
| I go for a walk with my daughter | أَخْرُجُ مَعَ ابْنَتي لِلتَّنَزُّه |
| green (*m.* / *f.*) | أَخْضَر / خَضْراء |
| I teach | أُدَرِّسُ |
| I go to the market | أَذْهَبُ إلى السّوق |
| I relax | أَرْتاحُ |
| I return home | أَرْجِعُ إلى البَيْت |
| I take the train to work | أَرْكَبُ القِطار إِلى العَمَل |

| | |
|---|---|
| couch / two couches | أَريكة / أَريكتان |
| blue (*m.* / *f.*) | أَزْرَق / زَرْقاء |
| I shower | أَسْتَحِمُّ |
| I rest | أَسْتَريحُ |
| I listen to | أَسْتَمِعُ إلى |
| I wake up | أَسْتَيْقِظُ |
| family | أُسْرَة، أُسَر |
| I live, reside | أَسْكُنُ |
| my name (is) | اِسْمي |
| black (*m.*/ *f.*) | أَسْوَد / سَوْداء |
| I drive my car to work | أَسوقُ سيَّارَتي إلى العَمَل |
| I watch the news on TV | أُشاهِدُ الأَخْبار في التِّلْفاز |
| I watch TV | أُشاهِدُ التِّلْفاز |

| | |
|---|---|
| to buy (he bought) | اِشْتَرَى |
| I bought | اِشْتَرَيْت |
| I bought it (referring to a masculine object) | اِشْتَرَيْتُهُ |
| I bought it three years ago | اِشْتَرَيْتُهُ قَبْلَ ثَلاث سَنَوات |
| I bought it (referring to a feminine object) | اِشْتَرَيْتُها |
| I work a lot on the computer | أَشْتَغِلُ كَثيراً عَلى الحاسوب |
| blond (*m.* / *f.*) | أَشْقَر / شَقْراء |
| she became, she has become | أَصْبَحَت |
| I accompany | أَصْطَحِبُ |
| I accompany her | أَصْطَحِبُها |
| younger than me by … | أَصْغَر مِنّي بِـــ... |
| I arrive at the university | أَصِلُ إلى الجامِعَة |

| | |
|---|---|
| bald | أَصْلَع |
| I pray the morning prayer | أُصَلّي صَلاةَ الصُّبْح |
| was forced to (I was forced to) | اُضْطُرَّ (اُضْطُرِرْتُ) إلى |
| I prepare breakfast | أُعِدُّ الإفْطار |
| I play the piano | أَعْزِفُ على "البيانو" |
| I return home | أَعودُ إلى البَيْت |
| family members | أَفْرادُ العائِلة |
| I eat breakfast | أُفْطِرُ |
| I read the news | أَقْــرَأُ الأَخْبار |
| relatives | أَقْرِباء |
| I stand | أَقِفُ |
| I get up (from sleep) | أَقومُ مِنَ النَّوْم |
| the oldest daughter in the family | أَكْبَر بِنْت فِي العائِلَــة |

| | |
|---|---|
| older than me by … | أَكْبر مِنّي بِـــ... |
| I eat dinner | آكُلُ العَشاء |
| I eat lunch | آكُلُ الغَداء |
| I eat breakfast | آكُلُ الفُطور |
| I get dressed | أَلْبَـــسُ |
| I enrolled; I enlisted (in) (e.g., the army) | اِلْتَحَقْتُ (بِ) |
| children's toys | أَلْعاب الأَطْفال |
| I play with my son | أَلْعَبُ مَعَ ابْني |
| to the left | إلى اليَسار |
| Isn't that too much? | أَلَيْسَ هٰذا كَثيراً؟ |
| mother | أُمّ |
| luggage | أَمْتِعَة |
| I own | أَمْلِكُ |

| | |
|---|---|
| I am the youngest one (*f.*) | أَنا أَصْغَر واحِدة |
| I live with my daughter and husband | أَنا أُقيمُ مَعَ ابْنَتي وَزَوْجي |
| I am the only son | أنا الابن الوَحيد |
| I am single (*f.*) | أَنا عَزْباء |
| I moved to | اِنْتَقَلْتُ إلى |
| I finish working | أَنْتَهي مِنَ العَمَل |
| I leave home | أَنْزِلُ مِنَ البَيْت |
| look (*m. sing, imperative*) | اُنْظُر |
| I get up | أَنْهَضُ مِنَ النَّوْم |
| I completed | أَنْهَيْتُ |
| my family | أَهْلي |
| kitchen tools and appliances | الأَواني والأَدَوات المَطْبَخيّة |
| that is to say | أَيْ |

| | |
|---|---|
| Where did you meet (him / her)? | أَيْنَ تَعَرَّفْتَ (عَلَيه / عَلَيها)؟ |
| very cold | بارِد جِدّاً |
| I wish you success | بِالتَّوْفيق |
| for, from the point of view of; in relation to | بِالنِّسْبَة لِ |
| next to us; in our neighborhood | بِجِوارِنا |
| fat, heavy | بَدين / ة |
| oranges (*coll. pl.*) | البُرْتُقال |
| my daily schedule | بَرْنامَجي اليَوْميّ |
| in general | بِشَكْلٍ عامّ |
| Visa credit card | بِطاقَة الاعْتِماد / الائْتِمان"فيزا" |
| a girl and a boy | بِنْت وَوَلَد |
| pants | البَنْطَلون |
| brown | بُنّيّ / ة |

| | |
|---|---|
| baseball | ‟البيسبول‟ |
| travel visa | تَأْشيرَة سَفَر |
| my family is composed of … | تَــــتَكَوَّنُ عائِلَتي مِنْ... |
| I graduated (from) | تَخَرَّجْتُ (مِنْ) |
| specialty, specialization | التَّخَصُّصُ |
| I specialized, majored in | تَخَصَّصْتُ (في / بِ) |
| camping | التَّخْييم |
| It is [also] called *sindiyan* (another name for the oak tree in Arabic) | تُدْعَى السِّنْدِيان |
| travel ticket | تَذْكَرَة سَفَر |
| I was raised | تَرَبَّيْتُ |
| entertainment | التَّرْفيه |
| skiing | التَّزَلُّج على الجَليد |
| waterskiing | التَّزَلُّج على الماء |

| | |
|---|---|
| I got married | تَـــزَوَّجتُ |
| shopping | التَّسَوُّق |
| you (*m./f. sing.*) met; you got to know | تَعَرَّفْتَِ (عَلى) |
| she lives (colloquial when used in the sense of 'resides') | تَـــعيشُ |
| red apples (*coll. pl.*) | تُفّاح أَحْمَر |
| green apples (*coll. pl.*) | تُفّاح أَخْضَر |
| Please have a seat (*f. sing.*) | تَفَضَّلي بِالجُلوس |
| you do (*m. sing.* – *m. pl.*) | تَفْعَلُ – تَفْعَلون |
| provides; offers | تُقَدِّمُ |
| is located (*f.*) | تَقَعُ |
| you (*m. sing.*) met | اِلْتَقَيْتَ (بِ) |
| you (*m. sing.*) own (also: she owns) | تَمْلِكُ |

| | |
|---|---|
| taking a walk | التَّنَزُّه |
| tennis | "التِّنِس" |
| cultural diversity | التَّنَوُّع الثَّقافيّ |
| refrigerator | ثَلّاجَة |
| fruit(s) (*coll. pl.*) | ثَمَر |
| university | جامِعَة |
| ready | جاهِزَ / ة |
| grandfather | جَدّ / سَيِّد |
| grandmother | جَدّة / سِتّ |
| my grandmother | جَدّتي / سِتّي |
| my grandfather | جَدّي / سَيِّدي |
| jogging, running | الجَرْي |
| beautiful | جَميل / ة |

| | |
|---|---|
| the south | الجَنوب |
| the computer | جِهاز الحاسوب |
| my passport | جَواز سَفَري |
| a tour | جَوْلَة |
| I came | جِئْتُ |
| pregnant | حامِل |
| one pill | حَبّة واحِدَة |
| house garden | حَديقَة البَيت |
| backyard | الحَديقَة الخَلْفِيّة |
| bag | الحَقيبَة |
| father-in-law | حَم |
| mother-in-law | حَماة |
| bathroom | الحَمّام |

| | |
|---|---|
| around | حَوالَيْ |
| neighborhood | حَيّ، أَحْياء |
| maternal uncle | خال، أَخْوال |
| maternal aunt | خالَة، خالات |
| china cabinet | خِزانَةُ الكُؤوس |
| especially | خُصوصاً |
| vegetables | الخُضار |
| airlines | خُطوط جَوِّيَّة |
| during | خِلال |
| chimney (used more in *ᶜammiyya*) | داخون |
| Middle East studies | دِراسات الشَّرْق الأَوْسَط |
| lesson one | الدَّرْسُ الأَوَّل |
| lesson two | الدَّرْسُ الثّاني |

| | |
|---|---|
| lesson three | الدَّرْسُ الثّالِث |
| lesson four | الدَّرْسُ الرّابِع |
| lesson five | الدَّرْسُ الخامِس |
| lesson six | الدَّرْسُ السّادِس |
| lesson seven | الدَّرْسُ السّابِع |
| lesson eight | الدَّرْسُ الثّامِن |
| lesson nine | الدَّرْسُ التّاسِع |
| lesson ten | الدَّرْسُ العاشِر |
| I studied | دَرَسْتُ |
| I studied in | دَرَسْتُ في |
| let's go | دَعْنا نَذْهَبْ |
| medication | دَواء |
| grilled corn | الذُّرة الْمَشْوِيّة |

| | |
|---|---|
| round-trip | ذَهاباً وَإياباً |
| relaxation | الرّاحة |
| housewife | رَبّة بَيْت |
| perhaps | رُبَّما |
| religious leaders | رِجالُ الدّين |
| trip, journey | الرِّحْلَة |
| May God have mercy upon him | رَحِمَهُ الله |
| doctoral dissertation | رِسالَة الدُّكْتوراة |
| officially | رَسْمِيّاً |
| paintings | رُسومات |
| dance | الرَّقْص |
| horseback riding | رُكوب الخَيْل |
| bike riding | رُكوب الدّرّاجات |

| | |
|---|---|
| grey | رَماديّ / ة |
| I planted them with my own hand[s] | زَرَعْتُها بِيَدي |
| orange-colored flower | زَهْرَة بُرْتُقالِيّة |
| violet-colored flower | زَهْرَة بَنَفْسَجيّة |
| flower | زَهْرَة، زُهور |
| a visit; visiting | زِيارَة |
| I will graduate | سَأَتَخَرَّجُ |
| I traveled to | سافَرْتُ إلى |
| I will complete; I will finish | سَأَنْتَهي |
| swimming | السِّباحَة |
| bed | سَرير |
| the going rate | السِّعْر المُتَعارَف عَلَيْهِ |
| travel | السَّفَر |

| | |
|---|---|
| I hope you (*f.*) feel better | سَلامَتُكِ |
| He will show us | سَيُطْلِعُنا (على) |
| moustache | شارِب |
| street | شارِع، شَوارِع |
| screen | شاشَة |
| poet | شاعِر، شُعَراء |
| grey (hair); grey-haired (person) | شائِب |
| winter | الشِّتاء |
| potted plant | شَتْلَة، أَشْتال |
| oak tree | شَجَرَة بَلّوط |
| tree | شَجَرَة، أَشْجار |
| terrace; balcony | الشُّرْفة |
| chess | "الشَطْرَنْج" |

| | |
|---|---|
| hair | شَعْر |
| Arabic poetry | الشِّعْر العَرَبيّ |
| short / long hair | شَعْر قَصير / طَويل |
| brother | شَقيق، أَشِقّاء |
| sister | شَقيقَة، شَقيقات |
| candle | شَمْعَة، شُموع |
| grill | شَوّاية |
| soap | صابون |
| headache | صُداع |
| the heart / center of the house | صَدْرُ البَيت |
| friend (*m.*) | صَديق، أَصْدِقاء |
| friend (*f.*) | صَديقَة، صَديقات |
| money changer (the person who changes money) | الصَّرّاف |

| | |
|---|---|
| small | صَغير / ة |
| box; car trunk | الصُّنْدوق |
| son-in-law | صِهْر |
| hunting | الصَّيْد |
| pharmacy | الصَّيْدَلِيَّة |
| necessary | ضَروريّ |
| Oriental / Eastern character | الطّابِع الشَّرْقيّ |
| printer | طابِعة |
| downstairs | الطّابِق الأَسْفَل |
| upstairs | الطّابِق الأَعْلى |
| second floor | الطّابِق الثّاني |
| basement | الطابِق السُّفْليّ (تحت الأرض) |
| floor, story | طابِق، طَوابِق |

| | |
|---|---|
| cooking | الطَّبْخ |
| fruit bowl | طَبَق الفَواكِه |
| psychologist; psychiatrist (*f.*) | طَبيبَة نَفْسِيَّة |
| methods of language teaching | طُرُق تَدْريس اللُّغات |
| delicious grilled food | الطَّعام المَشْويّ اللَّذيذ |
| baby | طِفْل، أَطْفال |
| the weather | الطَّقْس |
| foreign students | الطُّلاب الأَجانِب |
| students with disabilities | الطُّلاب المُعاقون |
| tall | طَويل / ة |
| family | عائلة ، عائلات |
| old (*m.* / *f.*) (said of a person) | عَجوز |

| | |
|---|---|
| jogging, running | العَدْو |
| show | عَرْض، عُروض |
| theater or musical shows | العُروض المَسرَحيَّة أَوْ الموسيقيَّة |
| hazel (eyes) | عَسَليّ |
| the Abbasid era | العَصْر العَبّاسيّ |
| the Middle Ages | العُصور الوُسْطى |
| thirsty (*m.* / *f.*) | عَطْشان / ة |
| the weekend holiday | عُطْلَة نِهايَة الأُسْبوع |
| cure, medication | عِلاج |
| international relations | العَلاقات الدُّوَلِيَّة |
| knowledge; science | العِلْمُ |
| Knowledge is light | العِلْمُ نورٌ |
| paternal uncle | عَمّ، أَعْمام |

paternal aunt

عَمَّة، عَمّات

his age (is)

عُمْرُهُ

her age (is)

عُمْرُها

I worked – I work

عَمِلْتُ – أَعْمَلُ

as needed

عِنْدَ اللُّزوم

When you touch it, it sleeps

عِندَما تَلْمِسُها تَنام

She has two children

عِنْدَها طِفْلان

I have children

عِندي أَوْلاد

I have children, both girls and boys

عِندي أَوْلاد وَبَنات / لي أَوْلاد وَبَنات

eye

عَيْن، عُيون

dark (color)

(لون) غامِق / ة

living room, salon

غُرْفَة الاسْتِقْبال

| | |
|---|---|
| sitting room | غُرْفَة الجُلوس |
| guest room | غُرْفَة الضُّيوف |
| dining room | غُرْفَةُ الطَّعام |
| (home) office | غُرْفَة المَكْتَب |
| children's bedroom | غُرْفَة نَومِ الأَطْفال |
| strange and wondrous | غَريبَة عَجيبَة |
| clothes washer | غَسّالة |
| coffee pot | غَلّاية قَهْوة |
| light (color) | (لَوْن) فاتِح |
| bill | فاتورَة، فَواتير |
| butterfly | فَراشَة |
| oven | فُرْن |
| the spring season | فَصْل الرَّبيع |

| | |
|---|---|
| hotel | فُنْدُق |
| fruits | الفَواكِه |
| immediately | فَوْراً |
| May God protect you | في أَمانِ الله |
| sometimes | في بَعْض الأَحْيان |
| in my view, in my opinion | في رَأْيِي |
| all over the world | في مُخْتَلِف أَنْحاء العالَم |
| reading | القِراءَة |
| department | قِسْم |
| advertising department | قِسْم الإعْلانات |
| department for academic services | قِسْم الخِدَمات الأَكاديمِيَّة |
| reading room | قِسْمُ القِراءَة |
| stories of famous people | قِصَص النّاس المَشْهورين |

| | |
|---|---|
| children's stories | قِصَص لِلأَطْفال |
| short | قَصير / ة |
| shirt | القَميص |
| author, writer | كاتِب، كُتّاب |
| history books | كُتُبُ التّاريخ |
| medicine books | كُتُبُ الطِّبّ |
| science books | كُتُبُ العُلوم |
| language books | كُتُبُ اللُّغات |
| various books | الكُتُبُ المُتَنَوِّعَة |
| ball | كُرَة |
| volleyball | الكُرَة الطّائِرَة |
| soccer | كُرَة القَدَم |
| chestnuts (*coll. pl.*) | كَسْتَناء |

| | |
|---|---|
| faculty of medicine | كُـــلِّيَّة الـــطِّبّ |
| How much does it cost per night? | كَمْ الأُجْرَة في اللَّيْلَة؟ |
| How much do you want? / How much do you charge? | كَمْ تُريدُ؟ |
| What is the price of …? / How much does … cost? | كَم سِعْر ...؟ |
| How many friends do you have? | كَمْ صَديقاً / ةً لَدَيْكَ؟ |
| How much money do you (*f. sing.*) have? | كَمْ مَعَكِ مِنَ النُّقود؟ |
| daughter-in-law | كَنّة |
| Hebrew name for a flower that exists in the Middle East | "كونفرينا" |
| ironing clothes | كَيّ / كَوي المَلابِس |
| How did you meet (him / her)? | كَيْفَ تَعَرَّفْتَ (عَليه / عَلَيها)؟ |
| how they get bigger and grow | كَيْفَ تَكْبُر وَكيفَ تَنْمو |
| No, I am renting | لا، أَنا مُسْتَأْجِر |

| | |
|---|---|
| to dine, in order to dine | لِتَناوُل الطَّعام |
| beard | لِحْيَة |
| I have | لَدَيَّ |
| They have children | لَدَيْهِم أَوْلاد وَبَنات |
| who (rel. pron.) (*m. dual*) | اللَّذانِ / اللَّذَيْنِ |
| to buy, in order to buy | لِشِراء |
| game; match | لُعْبَة، أَلْعاب |
| to spend, in order to spend (time) | لِقَضاءِ (وَقْتٍ) |
| Let's listen together | لِنَسْتَمِعْ مَعاً |
| Thank you (in response to سَلامْتُكِ; literally, May God keep you safe) | الله يِسَلّمَك |
| You're welcome (literally, May God guard you, protect you, give you strength) | الله يِعافيكِ |

| | |
|---|---|
| Thank you (literally, May God give you health and strength) | اللہ يَعْطيك العافْيَة |
| for studies, for the purpose of studying | لِهَدَف الدِّراسَة / بِهَدَف الدِّراسَة |
| orange (the color) | اللَّوْن البُرْتُقاليّ |
| violet (the color), purple | اللون البَنَفْسَجيّ |
| color | لَوْن، أَلْوان |
| I have an eleven-year-old daughter | لي ابْنَة تَبْلُغ إِحْدى عَشْرَة سَنَة |
| I have a small daughter | لي ابنة صَغيرة |
| I have three sisters and two brothers | لي ثَـلاثُ أَخَواتٍ وأَخَوان |
| I have a child / baby | لي طِفلٌ |
| How beautiful is…! | ما أَجْمَل...! |
| I don't have children | ما عِندي أَوْلاد |
| what is called / known as … | ما يُسَمَّى بـ... |

| | |
|---|---|
| what people do, things that people do | ما يَفْعَلُهُ النّاس |
| What do you do in your free time? | ماذا تَفْعَلونَ في وَقْتِ الفَراغ؟ |
| What do you mean by…? | ماذا تَقْصِدُ / ينَ ب...؟ |
| What does your friend do? | ماذا يَعْمَلُ صَديقُكَ؟ |
| coffee machine | ماكِنة قَهْوة |
| dining room table | مائِدةُ الطَّعام |
| early | مُبَكِّراً |
| museum | مَتْحَف، مَتاحِف |
| married | مُتَــزَوِّج / ة |
| retired | مُتَــقاعِد / ة |
| medium in height | مُتَوَسِّط / ة الطُّول / القامة |
| middle-aged | مُتَوَسِّط / ة العُمر |
| (of) medium weight | مُتَوَسِّط / ة في الوَزْن |

| | |
|---|---|
| society | مُجْتَمَع |
| diligent, industrious | مُجْتَهِد |
| curly | مُجَعَّد |
| clothes dryer | مُجَفِّف |
| bus stop | مَحَطّة الباص |
| the money changer's (the place where we change money) | مَحَلّ الصِّرافَة |
| of various shapes and colors | مُختَلِفة الأَشْكال والأَلوان |
| different and diverse | مُخْتَلِفَة وَمُتَنَوِّعَة |
| elementary school | مَدْرَسَة ابْتِدائِيَّة |
| secondary / high school | مَدْرَسَة ثانَوِيَّة |
| neighboring cities | المُدُن المُجاوِرة |
| second time | مَرَّة ثانِية |
| the deceased | المَرْحوم |

| | |
|---|---|
| sports center | مَرْكَــز الرِّياضَة |
| tenant, renter | مُسْتَأْجِر |
| recorder | مُسجِّل |
| TV series | المُسَلْسَلات التَّلَفِزْيونِيَّة |
| watching | مُشاهَدَة |
| watching television | مُشاهَدَة التِّلْفاز |
| famous | مَشهور / ة |
| wrestling | المُصارَعَة |
| electric lamp | مِصْباح كَهْرُبائي |
| the cleaners | المَصْبَغَة |
| source | مَصْدَر، مَصادِر |
| elevator | مِصْعَد |
| reading | المُطالَعَة |

| | |
|---|---|
| kitchen | المَطْبَخ |
| restaurant | مَطْعَم، مَطاعِم |
| most people | مُعْظَم النّاس |
| Most of them are married | مُعْظَمُهم مُتَـــزَوِّجون |
| information | مَعْلومات |
| specific; particular | مُعَيَّن |
| place | مَكان، أَماكِن |
| spoons | مَلاعِق |
| file | مِلَفّ، مِلَفّات |
| from time to time | مِنْ مُدَّةٍ إلى مُدَّة |
| methods | مَناهِج |
| from morning until evening | مُنْذُ الصَّباح وحَتّى المَساء |
| towel; cleaning rag | مِنْشَفَة (مَنْشَفَة)، مَناشِف |

| | |
|---|---|
| important | مُهِمّ |
| engineer | مُهَنْدِس / ة |
| civil engineer | مُهَنْدِس مَدَنِيّ |
| architect (*f.*) | مُهَنْدِسَة مِعْمارِيَّة |
| bananas | مَوز |
| fireplace | المَوقِد |
| author | مُؤَلِّف |
| we take you (*m. pl.*) | نَأْخُذُكُم |
| soft | ناعِم |
| we converse (literally, we exchange conversations) | نَتَبادَلُ الأَحاديث |
| We spend time in pleasant conversation | نَتَسامَرُ |
| slim | نَحيف / ة |
| we go to | نَذْهَبُ إلى |

| | |
|---|---|
| we visit | نَزورُ |
| I grew up | نَشَأْتُ |
| activity | نَشاط، نَشاطات |
| your (*m. pl.*) favorite activities | نَشاطاتُكُم المُفَضَّلَة |
| We grill the meat | نَشْوي اللَّحْم |
| Yes, I own <u>it</u> | نَعَمْ أَمْلِكُهُ |
| we undertake; we do | نَقومُ بِ |
| these two bags | هاتانِ الحَقيبَتان |
| I immigrated | هاجَرْتُ |
| Are you (*m. sing.*) ready? | هَلْ أَنْتَ جاهِز؟ |
| Do you (*m. sing.*) own this house? | هَلْ تَمْلِكُ هٰذا الْبَيْت؟ |
| Do you (*m. sing.*) own this apartment? | هَلْ تَمْلِكُ هٰذِهِ الشَّقَة؟ |
| hobby | هِوايَة، هِوايات |

| | |
|---|---|
| hockey | "الهوكي" |
| my identity card | هُوِيَّتي |
| father | والِد |
| mother | والِدَة |
| How about you? | وبِالنِّسْبة لَكَ/لَكِ؟ |
| minister | وَزير، وُزَراء |
| middle (adj.) (*f.*) | الوُسْطى |
| handsome | وَسيم |
| prescription | الوَصْفَة الطِّبِّيَّة |
| travel agency | وِكالَة السَّفَر |
| travel agent | وَكيل السَّفَر |
| United States of America | الوِلايات المُتَّحِدَة الأَمْريكِيَّة |
| I was born in | وُلِدْتُ في |

| | |
|---|---|
| Does it include breakfast? | وَهَلْ يَتَضَمَّنُ الفُطور؟ |
| gather | يَتَجَمَّعُ |
| includes | يَتَضَمَّنُ |
| deals with | يَتَناوَلُ |
| he needs | يَحْتاجُ لِ / إلى |
| differs from week to week | يَخْتَـلِفُ مِن أُسْبوع إلى أُسْبوع |
| they (*m. dual*) live, reside | يَسْكُـنانِ |
| they spend the weekend holiday | يَقْضون عُطْلَة نِهايَةِ الأُسْبوع |
| to spend (time) | يَقْضي / يَقْضونَ (وَقْتاً) |
| to undertake, carry out | يَقومُ / يَقومونَ (بـ) |
| They undertake activities | يَقومونَ بِنَشاطاتٍ |
| Monday | يَوْمُ الاثْنَيْن |
| Wednesday | يَوْمُ الأَرْبِعاء |

Friday　　　　　　　　　　　　　　　يَومُ الجُمْعَة

daily　　　　　　　　　　　　　　　　يَوْمِيّاً

# English–Arabic Glossary

| | |
|---|---|
| activity | نَشاط، نَشاطات |
| advertising department | قِسْم الإعْلانات |
| airlines | خُطوط جَوِّيَّة |
| all over the world | في مُخْتَـلِف أَنْحاء الــعالَم |
| Arabic poetry | الشِّعْر العَرَبيّ |
| architect (f.) | مُهَنْدِسَة مِعْماريَّة |
| Are you (m. sing.) ready? | هَلْ أَنْتَ جاهِز؟ |
| around | حَوالَيْ |
| as needed | عِنْدَ اللُّزوم |
| author | مُؤَلِّف |
| author, writer | كاتِب، كُتّاب |
| baby; child | طِفْل، أَطْفال |
| backyard | الحَديقَة الخَلْفِيَّة |
| bag | الحَقيبَة |

| | |
|---|---|
| bald | أَصْلَع |
| ball | كُرَة |
| bananas | مَوز |
| baseball | "البيسبول" |
| basement | الطابِق السُّفْليّ (تحت الأرض) |
| bathroom | الحَمّام |
| beard | لِحْيَة |
| beautiful | جَميل / ة |
| bed | سَرير |
| bike riding | رُكوب الدّرّاجات |
| bill | فاتورَة، فَواتير |
| black (*m.* / *f.*) | أَسْوَد / سَوْداء |
| blond (*m.* / *f.*) | أَشْقَر / شَقْراء |

| | |
|---|---|
| blue (*m. /f.*) | أَزْرَق / زَرْقاء |
| box; car trunk | الصُّنْدوق |
| brother | شَقيق، أَشِقّاء |
| brown | بُنّيّ / ة |
| bus stop | مَحَطّة الباص |
| butterfly | فَراشَة |
| buy (he bought) | اِشْتَرَى |
| camping | التَّخْييم |
| candle | شَمْعَة، شُموع |
| chess | الشَطْرَنْج |
| chestnuts (*coll. pl.*) | كَسْتَناء |
| children's bedroom | غُرْفَة نَومِ الأَطْفال |
| children's stories | قِصَص لِلأَطْفال |
| children's toys | أَلْعاب الأَطْفال |

| | |
|---|---|
| chimney (used more in *ᶜammiyya*) | داخون |
| china cabinet | خِزانَةُ الكُؤوس |
| civil engineer | مُهَنْدِس مَدَنِيّ |
| clothes dryer | مُجَفِّف |
| clothes washer | غَسّالة |
| coffee machine | ماكِنة قَهْوة |
| coffee pot | غَلاّية قَهْوة |
| color | لَوْن، أَلْوان |
| cooking | الطَّبْخ |
| couch / two couches | أَريكة / أَريكتان |
| cousin (daughter of a maternal aunt) | اِبنة خالة، بَنات خالات |
| cousin (daughter of a maternal uncle) | اِبنة خال، بَنات أَخْوال |
| cousin (daughter of a paternal uncle) | اِبنة عَمّ، بَنات أَعْمام |
| cousin (son of a maternal aunt) | اِبن خالَة، أَبْناء خالات |

| | |
|---|---|
| cousin (son of a maternal uncle) | اِبن خال، أَبناء أَخْوال |
| cousin (son of a paternal uncle) | اِبن عَمّ، أَبْناء أعْمام |
| cousin (daughter of a paternal aunt) | اِبنة عَمَّة، بَنات عَمّات |
| my cousin (son of my paternal aunt) | اِبن عَمَّتي، أَبْناء عَمَّتي |
| cultural diversity | التَّنَوُّع الثَّقافيّ |
| cure, medication | عِلاج |
| curly | مُجَعَّد |
| daily | يَوْمِيّاً |
| dance, dancing | الرَّقْص |
| dark (color) | (لَوْن) غامِق |
| daughter-in-law | كَنّة |
| deals with | يَتَناوَلُ |
| delicious grilled food | الطَّعام المَشْويّ اللَّذيذ |

| | |
|---|---|
| department | قِسْم |
| department for academic services | قِسْم الخِدَمات الأَكاديمِيَّة |
| different and diverse | مُخْتَلِفَة وَمُتَنَوِّعَة |
| differs from week to week | يَخْتَــــلِفُ مِن أُسْبوع إلى أُسْبوع |
| diligent, industrious | مُجْتَهِد |
| dining room | غُرْفَةُ الطَّعام |
| dining room table | مائِدَةُ الطَّعام |
| Do you (*m. sing.*) own this apartment? | هَلْ تَمْلِكُ هٰذِهِ الشَّقّة؟ |
| Do you (*m. sing.*) own this house? | هَلْ تَمْلِكُ هٰذا البَيْت؟ |
| doctoral dissertation | رِسالَة الدُّكْتوراة |
| Does it include breakfast? | وَهَلْ يَتَضَمَّنُ الفُطور؟ |
| downstairs | الطّابِق الأَسْفَل |

| | |
|---|---|
| during | خِلال |
| early | مُبَكِّراً |
| electric lamp | مِصْباح كَهْرُبائيّ |
| elementary school | مَدْرَسَة ابْتِدائِيَّة |
| elevator | مِصْعَد |
| engineer | مُهَنْدِس / ة |
| entertainment | التَّرْفيه |
| especially | خُصوصاً |
| exercise equipment | أَجْهِزة التَّمْرين الرِّياضيَّة |
| eye | عَيْن، عُيون |
| faculty of medicine | كُلِّيَّة الطِّبّ |
| family | عائِلة، عائِلات / أُسْرَة، أُسَر |
| family members | أَفْرادُ العائِلة |
| famous | مَشْهور / ة |

| | |
|---|---|
| fat, heavy | بَدين / ة |
| father | أَب / والِد |
| father-in-law | حَم |
| file | مِلَفّ، مِلَفّات |
| fireplace | المَوقِد |
| floor, story | طابِق، طَوابِق |
| flower | زَهْرَة، زُهور |
| for, from the point of view of; in relation to | بِالنِّسْبَة لِ |
| for studies, for the purpose of studying | لِهَدَف الدِّراسَة / بِهَدَف الدِّراسَة |
| foreign students | الطُّلاب الأَجانِب |
| Friday | يَومُ الجُمْعَة |
| friend (*f.*) | صَديقَة، صَديقات |
| friend (*m.*) | صَديق، أَصْدِقاء |

from morning until evening — مُنْذُ الصَّباح وحَتّى المَساء

from time to time — مِنْ مُدَّةٍ إلى مُدَّة

fruit(s) (*coll. pl.*) — ثَمَر

fruit bowl — طَبَق الفَواكِه

fruits — الفَواكِه

furniture — أَثاث

game; match — لُعْبَة، أَلْعاب

gather — يَتَجَمَّعُ

a girl and a boy — بِنْت وَوَلَد

glass table — طاوِلة زُجاجيّة

grandfather — جَدّ / سَيِّد

grandmother — جَدّة / سِتّ

green (*m.* / *f.*) — أَخْضَر / خَضْراء

green apples (*coll. pl.*) — تُفّاح أَخْضَر

| | |
|---|---|
| grey | رَماديّ / ة |
| grey (hair); grey-haired (person) | شائِب |
| grill | شَوّاية |
| grilled corn | الذُّرة المَشْويّة |
| guest room | غُرْفة الضُّيوف |
| hair | شَعْر |
| handsome | وَسيم |
| Have a good trip (literally, I wish you a successful journey) | أَتَمَنّى لَكِ رِحْلَةً مُوَفَّقَة |
| hazel (eyes) | عَسَليّ / ة |
| he needs | يَحْتاجُ لِ / إلى |
| He will show us | سَيُطْلِعُنا (على) |
| headache | صُداع |
| Hebrew name for a flower that exists in the Middle East | "كونفرينا" |

| | |
|---|---|
| her age (is) | عُمْرُها |
| his age (is) | عُمْرُهُ |
| history books | كُتُبُ التّاريخ |
| hobby | هِوايَة، هِوايات |
| hockey | "الهوكي" |
| horseback riding | رُكوب الخَيْل |
| hotel | فُنْدُق |
| house garden | حَديقَة البَيت |
| housewife | رَبّة بَيْت |
| How about you? | وبِالنِّسْبة لَـكَ؟ |
| How beautiful is…! | ما أَجْمَل…! |
| How did you meet (him / her)? | كَيْفَ تَعَرَّفْتَ (عَليه / عَليها)؟ |
| How many friends do you have? | كَمْ صَديقاً / ةً لَدَيْكَ؟ |

| | |
|---|---|
| How much do you want?; How much do you charge? | كَمْ تُريدُ؟ |
| How much does it cost per night? | كَمْ الأُجْرَة في اللَّيْلَة؟ |
| How much money do you (*f. sing.*) have? | كَمْ مَعَكِ مِنَ النُّقود؟ |
| how they get bigger and grow | كَيْفَ تَكْبُر وَكيفَ تَنْمو |
| hunting | الصَّيْد |
| I accompany | أَصْطَحِبُ |
| I accompany her | أَصْطَحِبُها |
| I am searching (for), I am looking (for) | أَبحَث (عَن) |
| I am single (*f.*) | أَنا عَزْباء |
| I am the only son | أَنا الابن الوَحيد |
| I am the youngest one (*f.*) | أَنا أَصْغَر واحِدة |
| I arrive at the university | أَصِلُ إلى الجامِعَة |
| I bought | اِشْتَرَيْتُ |

| | |
|---|---|
| I bought it (referring to a feminine object) | اِشْتَرَيْتُها |
| I bought it (referring to a masculine object) | اِشْتَرَيْتُهُ |
| I bought it three years ago | اِشْتَرَيْتُهُ قَبْلَ ثَلاث سَنَوات |
| I came | جِئْتُ |
| I completed | أَنْهَيْتُ |
| I don't have children | ما عِندي أَوْلاد |
| I drive my car to work | أَسوقُ سيَّارَتي إلى العَمَل |
| I eat breakfast | أَتناوَلُ وَجْبَة الفُطور / آكُلُ الفُطور / أَفْطِرُ |
| I eat dinner | آكُلُ العَشاء |
| I eat dinner with my wife | أَتَــعَشَّى مَعَ زَوْجَتي |
| I eat lunch | أَتَــغَدَّى / آكُلُ الغَداء / أَتَناوَلُ الغَداء |
| I eat lunch at noon | أَتَناوَلُ الغَداء ظُهْراً |

| | |
|---|---|
| I enrolled; I enlisted (in) (e.g., the army) | اِلْتَحَقْتُ (بِ) |
| I exercise | أَتَمَرَّنُ |
| I finish working | أَنْتَهي مِنَ العَمَل |
| I get dressed | أَلْبَسُ |
| I get up (from sleep) | أَقومُ مِنَ النَّوْم |
| I go for a walk with my daughter | أَخْرُجُ مَعَ ابْنَتي للتَّنَزُّه |
| I go to the market | أَذْهَبُ إلى السّوق |
| I got married | تَزَوَّجْتُ |
| I graduated (from) | تَخَرَّجْتُ (مِنْ) |
| I grew up | نَشَأْتُ |
| I have | لَدَيَّ |
| I have a child / baby | لي طِفْلٌ |
| I have a small daughter | لي ابنة صَغيرة |

| | |
|---|---|
| I have an eleven-year-old daughter | لي ابْنَة تَبْلُغ إِحْدى عَشْرَة سَنَة |
| I have children | عِندي أَوْلاد |
| I have children (both girls and boys) | عِندي أَوْلاد وَبَنات / لي أَوْلاد وَبَنات |
| I have three sisters and two brothers | لي ثَـــلاثُ أَخَواتٍ وأَخَوان |
| I hope you (*f. sing.*) enjoy your stay | أَتَمَنّى لَكِ إقامَة مُمْتِعَة |
| I hope you (*f. sing.*) feel better | سَلامَتُكِ |
| I immigrated | هاجَرْتُ |
| I leave home | أَنْزِلُ مِنَ البَيْت |
| I listen to | أَسْتَمِعُ إلى |
| I live, reside | أَسْكُنُ |
| I live with my daughter and husband | أَنا أُقيمُ مَعَ ابْنَتي وَزَوْجي |
| I moved to | اِنْتَقَلْتُ إلى |

| | |
|---|---|
| I own | أَمْلِكُ |
| I planted them with my own hand[s] | زَرَعْتُها بِيَدي |
| I play the piano | أَعْزِفُ على "البيانو" |
| I play with my son | أَلْعَبُ مَعَ ابْني |
| I pray the morning prayer | أُصَلّي صَلاةَ الصُّبْح |
| I prepare breakfast | أُعِدُّ الإفْطار |
| I read the news | أَقْـــرَأُ الأَخْبار |
| I relax | أَرْتاحُ |
| I rest | أَسْتَـــريحُ |
| I return home | أَرْجِعُ إلى البَيْت / أَعودُ إلى البَيْت |
| I shop | أَتَسَوَّقُ |
| I shower | أَسْتَحِمُّ |
| I specialized, majored (in) | تَخَصَّصْتُ (في / بِ) |

| English | Arabic |
|---|---|
| I stand | أَقِفُ |
| I studied | دَرَسْتُ |
| I studied in | دَرَسْتُ في |
| I take the train to work | أَرْكَبُ القِطار إلى العَمَل |
| I teach | أُدَرِّسُ |
| I traveled to | سافَرْتُ إلى |
| I try, attempt | أُحاوِلُ |
| I wake up | أَسْتَيْقِظُ / أَنْهَضُ مِنَ النَّوْم |
| I was born in | وُلِدْتُ في |
| I was raised | تَرَبَّيْتُ |
| I watch the news on TV | أُشاهِدُ الأَخْبار في التِّلْفاز |
| I watch TV | أُشاهِدُ التِّلْفاز |
| I will complete, I will finish | سَأَنْتَهي |
| I will graduate | سَأَتَخَرَّجُ |

| | |
|---|---|
| I wish you (*f. sing.*) success, I wish you the best of luck | أَتَمَنّى لَكِ التَّوْفيق |
| I wish you success | بِالتَّوْفيق |
| I work a lot on the computer | أَشْتَغِلُ كَثيراً عَلى الحاسوب |
| I worked – I work | عَمِلْتُ – أَعْمَلُ |
| immediately | فَوْراً |
| important | مُهِمّ |
| in general | بِشَكْلٍ عامّ |
| in my view, in my opinion | في رَأْيِي |
| includes | يَتَضَمَّنُ |
| information | مَعْلومات |
| international relations | العَلاقات الدُّوَلِيَّة |
| ironing clothes | كَيّ / كَوي المَلابِس |
| is located (*f.*) | تَقَعُ |
| Isn't that too much? | أَلَيْسَ هٰذا كَثيراً؟ |

| | |
|---|---|
| It is [also] called *sindiyan* (another name for the oak tree in Arabic) | تُدْعَى السِّنْدِيان |
| jogging, running | الجَرْي / العَدْو |
| kettle; pitcher | إبْريق |
| kitchen | المَطْبَخ |
| kitchen tools and appliances | الأَواني والأَدَوات المَطْبَخيّة |
| Knowledge is light | العِلْمُ نورٌ |
| knowledge; science | العِلْمُ |
| language books | كُتُبُ اللُّغات |
| lesson eight | الدَّرْسُ الثّامِن |
| lesson five | الدَّرْسُ الخامِس |
| lesson four | الدَّرْسُ الرّابِع |
| lesson nine | الدَّرْسُ التّاسِع |
| lesson one | الدَّرْسُ الأَوَّل |

| | |
|---|---|
| lesson seven | الدَّرْسُ السّابِع |
| lesson six | الدَّرْسُ السّادِس |
| lesson ten | الدَّرْسُ العاشِر |
| lesson three | الدَّرْسُ الثّالِث |
| lesson two | الدَّرْسُ الثّاني |
| Let's go | دَعْنا نَذْهَبْ |
| Let's listen together | لِنَسْتَمِعْ مَعاً |
| light (color) | (لون) فاتِح |
| living room, salon | غُرْفَة الاسْتِقْبال |
| look (*m. sing. imperative*) | اُنْظُرْ |
| luggage | أَمْتِعَة |
| married | مُتَزَوِّج / ة |
| maternal aunt | خالَة، خالات |
| maternal uncle | خال، أَخْوال |

| | |
|---|---|
| May God have mercy upon him | رَحِمَهُ اللهُ |
| May God protect you | في أَمانِ الله |
| medication | دَواء |
| medicine books | كُتُبُ الطِّبّ |
| medium in height | مُتَوَسِّط / ة الطُّول / القامة |
| (of) medium weight | مُتَوَسِّط / ة في الوَزْن |
| middle-aged | مُتَوَسِّط / ة العُمر |
| methods | مَناهِج |
| methods of language teaching | طُرُق تَدْريس اللُّغات |
| Middle East studies | دِراسات الشَّــرْق الأَوْسَط |
| minister | وَزير، وُزَراء |
| Monday | يَوْمُ الاثْنَيْن |
| money changer (the person who changes money) | الصَّرّاف |

| | |
|---|---|
| Most of them are married | مُعْظَمُهم مُتَـــزَوِّجون |
| most people | مُعْظَم النّاس |
| mother | أُمّ / والِدَة |
| mother-in-law | حَماة |
| moustache | شارِب |
| museum | مَتْحَف، مَتاحِف |
| my daily schedule | بَرْنامَجي اليَوْميّ |
| my family | أَهْـــلي |
| My family is composed of … | تَـــتَكَوَّنُ عائِلَتي مِنْ... |
| my father and mother, my parents | أَبي وأُمّي |
| my grandfather | جَدّي / سَيِّدي |
| my grandmother | جَدّتي / سِتّي |
| my identity card | هُوِيَّتي |
| my lectures begin at | تَـــبْدَأُ مُحاضَراتي في |

| | |
|---|---|
| my name (is) | اِسْمي |
| my passport | جَواز سَفَري |
| necessary | ضَروريّ |
| necessities, needs | الاحْتِياجات |
| neighborhood | حَيّ، أَحْياء |
| neighboring cities | المُدُن المُجاوِرة |
| next to us; in our neighborhood | بِجِوارِنا |
| No, I am renting | لا، أَنا مُسْتَأْجِر |
| oak tree | شَجَرَة بَلّوط |
| of various shapes and colors | مُختَلِفة الأَشْكال والأَلْوان |
| office | غُرْفَة المَكْتَب |
| officially | رَسْمِيّاً |
| old (*m.* / *f.*) (said of a person) | عَجوز |
| older than me by … | أَكْبَر مِنّي بِـــ... |

| | |
|---|---|
| one pill | حَبّة واحِدَة |
| orange (the color) | اللَّوْن البُرْتُقاليّ |
| orange-colored flower | زَهْرَة بُرْتُقالِيّة |
| oranges (*coll. pl.*) | البُرْتُقال |
| Oriental / Eastern character | الطّابِع الشَّرقيّ |
| other times | أَحْياناً أُخْرَى |
| oven | فُرْن |
| paintings | رُسومات |
| pants | البَنْطَلون |
| paternal aunt | عَمَّة، عَمّات |
| paternal uncle | عَمّ، أَعْمام |
| pears | إِجّاص / إِنجاص |
| perhaps | رُبَّما |
| pharmacy | الصَّيْدَلِيَّة |

| | |
|---|---|
| place | مَكان، أَماكِن |
| Please have a seat (*f. sing.*) | تَفَضَّلي بِالجُلوس |
| poet | شاعِر، شُعَراء |
| potted plant | شَتْلَة، أَشْتال |
| pregnant | حامِل |
| prescription (medical) | الوَصْفَة الطِّبِّيَّة |
| printer | طابِعة |
| provides; offers | تُقَدِّمُ |
| psychologist; psychiatrist (*f.*) | طَبيبَة نَفْسِيَّة |
| reading | القِراءَة / المُطالَعَة |
| reading room | قِسْمُ القِراءَة |
| ready | جاهِز / ة |
| recorder | مُسجِّل |
| red (*m.* / *f.*) | أَحْمَر / حَمْراء |

English–Arabic Glossary 336

| | |
|---|---|
| red apples (*coll. pl.*) | تُفّاح أَحْمَر |
| refrigerator | ثَلّاجَة |
| relatives | أَقْرِباء |
| relaxation | الرّاحة |
| religious leaders | رِجالُ الدّين |
| restaurant | مَطْعَم، مَطاعِم |
| retired | مُتَقاعِد |
| round-trip | ذَهاباً وَإياباً |
| science books | كُتُبُ العُلوم |
| screen | شاشَة |
| second floor | الطّابِق الثّاني |
| second time | مَرَّة ثانِية |
| secondary / high school | مَدْرَسَة ثانَوِيَّة |
| she became, she has become | أَصْبَحَت |

| | |
|---|---|
| She has two children | عِنْدَها طِفْلان |
| she lives (colloquial when used in the sense of 'resides') | تَـــعيشُ |
| shirt | القَميص |
| shopping | التَّسَوُّق |
| short | قَصير / ة |
| short / long hair | شَعْر قَصير / طَويل |
| show | عَرْض، عُروض |
| sister | أُخْت، أَخَوات / شَقيقَة، شَقيقات |
| sitting room | غُرْفَة الجُلوس |
| skiing | التَّزَلُّج على الجَليد |
| slim | نَحيف / ة |
| small | صَغير / ة |
| soap | صابون |

| | |
|---|---|
| soccer | كُرَة القَدَم |
| society | مُجْتَمَع |
| soft | ناعِم |
| sometimes | في بَعْض الأَحْيان |
| son-in-law | صِهْر |
| source | مَصْدَر، مَصادِر |
| specialty, specialization | التَّخَصُّص |
| specific, particular | مُعَيَّن |
| spoons | مَلاعِق |
| sports center | مَرْكَــز الرِّياضَة |
| stories of famous people | قِصَص النّاس المَشْهورين |
| strange and wondrous | غَريبَة عَجيبَة |
| street | شارِع، شَوارِع |
| students with disabilities | الطُّلاب المُعاقون |

| | |
|---|---|
| swimming | السِّباحَة |
| taking a walk | التَّنَزُّه |
| tall | طَويل / ة |
| tenant, renter | مُسْتَأْجِر |
| tennis | "التِّنِس" |
| terrace; balcony | الشُّرْفة |
| Thank you (in response to سَلامَتُكِ; literally, May God keep you safe) | الله يِسَلّمَك |
| Thank you (literally, May God give you health and strength) | الله يَعْطيك العافْيَة |
| that is to say | أَيْ |
| Abbasid era | العَصْر العَبّاسيّ |
| cleaners | المَصْبَغَة |
| computer | جِهاز الحاسوب |
| deceased | المَرْحوم |

| | |
|---|---|
| going rate | السِّعْر المُتَعارَف عَلَيْهِ |
| heart / center of the house | صَدْرُ الْبَيت |
| middle (adj.) (f.) | الوُسْطى |
| Middle Ages | العُصور الوُسْطى |
| money changer's (the place where we change money) | مَحَلّ الصِّرافَة |
| the north | الشَّمال |
| oldest daughter in the family | أَكْبَر بِنْت في العائِلَـــة |
| oldest sister | الأُخْت الكُــــبْرى |
| the south | الجَنوب |
| spring season | فَصْل الرَّبيع |
| weather | الطَّقْس |
| weekend holiday | عُطْلَة نِهايَةِ الأُسْبوع |
| theater or musical shows | العُروض المَسرَحيَّة أَوْ الموسيقيَّة |
| these two bags | هاتانِ الحَقيبَتان |

| | |
|---|---|
| they (*m. dual*) live, reside | يَسْكُـــنانِ |
| they have children | لَدَيْهِم أَوْلاد وَبَنات |
| they spend the weekend holiday | يَقْضون عُطْلَة نِهايَةِ الأُسْبوع |
| they undertake activities | يَقومونَ بِنَشاطاتٍ |
| thirsty | عَطْشان / ة |
| to buy, in order to buy | لِشِراءِ |
| to dine, in order to dine | لِتَناوُل الطَّعام |
| to spend, in order to spend (time) | لِقَضاءِ (وَقْتٍ) |
| to spend (time) | يَقْضي / يَقْضونَ (وَقْتاً) |
| We spend time in pleasant conversation | نَتَـــسامَرُ |
| to take | أَخَذَ - يَأْخُذُ |
| to the left | إلى اليَسار |
| tour | جَوْلَة |

English–Arabic Glossary 342

| | |
|---|---|
| towel; cleaning rag | مِنْشَفَة (مَنْشَفَة)، مَناشِف |
| travel | السَّفَر |
| travel agency | وِكالَة السَّفَر |
| travel agent | وَكيل السَّفَر |
| travel ticket | تَذْكَرَة سَفَر |
| travel visa | تَأْشيرَة سَفَر |
| tree | شَجَرَة، أَشْجار |
| trip, journey | الرِّحْلَة |
| TV series | المُسَلْسَلات التَّلَفِزْيونِيَّة |
| to undertake, carry out | يَقومُ / يَقومونَ (ب) |
| United States of America | الوِلايات المُتَّحِدَة الأَمْريكِيَّة |
| university | جامِعَة |
| upstairs | الطّابِق الأَعْلى |
| various books | الكُتُبُ المُتَنَوِّعَة |

| | |
|---|---|
| vegetables | الخُضار |
| very cold | بارِد جِدّاً |
| violet (the color), purple | اللون البَنَفْسَجيّ |
| violet-colored flower | زَهْرَة بَنَفْسَجيّة |
| Visa credit card | بِطاقَة الاعْتِماد / الائْتِمان "فيزا" |
| visit; visiting | زِيارَة |
| volleyball | الكُرَة الطّائِرَة |
| was forced to (I was forced to) | اُضْطُرَّ (اُضْطُرِرْتُ) إلى |
| watching | مُشاهَدَة |
| watching television | مُشاهَدَة التِّلْفاز |
| waterskiing | التَّزَلُّج على الماء |
| we converse (literally, we exchange conversations) | نَتَبادَلُ الأَحاديث |
| we go to | نَذْهَبُ إلى |

| | |
|---|---|
| We grill the meat | نَشْوي اللَّحْم |
| we take you (*m. pl.*) | نَأْخُذُكُم |
| we undertake; we do | نَقومُ بِ |
| we visit | نَزورُ |
| Wednesday | يَوْمُ الأَرْبِعاء |
| What do you do in your free time? | ماذا تَفْعَلونَ في وَقْتِ الفَراغ؟ |
| What do you mean by …? | ماذا تَقْصِدُ / ينَ ب ...؟ |
| What does your friend do? | ماذا يَعْمَلُ صَديقُكَ؟ |
| what is called / known as … | ما يُسَمَّى بـــ ... |
| What is the price of …? / How much does … cost? | كَم سِعْر ...؟ |
| what people do, things that people do | ما يَفْعَلُهُ النّاس |
| When you touch it, it sleeps | عِندَما تَلْمِسُها تَنام |
| Where did you meet (him / her)? | أَيْنَ تَعَرَّفْتَ (عَليه / عَلَيها)؟ |

| | |
|---|---|
| who (rel. pron.) (*m. dual*) | اللَّذانِ / اللَّذَيْنِ |
| winter | الشِّتاء |
| wrestling | المُصارَعة |
| Yes, I own <u>it</u> | نَعَمْ أَمْلِكُهُ |
| you (*m. sing.*) met | اِلْتَقَيْتَ (بِ) |
| you (*m. sing.*) own (also: she owns) | تَمْلِكُ |
| you (*m. / f. sing.*) met; you got to know | تَعَرَّفْتَ (عَلى) |
| you do | تَفْعَلُ / تَفْعَلون |
| You're welcome (literally, May God guard you, protect you, give you strength) | الله يعافيكِ |
| younger than me by … | أَصْغَر مِنّي بِـــ... |
| your (*m. pl.*) favorite activities | نَشاطاتُكُم المُفَضَّلَة |